Antigüedad Clásica

Una guía fascinante de la antigua Grecia y Roma y cómo estas civilizaciones influyeron en Europa, el norte de África y Asia occidental

© **Copyright 2019**

Todos los derechos reservados. Ninguna parte de este libro puede ser reproducida de ninguna forma sin el permiso escrito del autor. Los reseñantes pueden citar pasajes breves en los comentarios.

Cláusula de exención de responsabilidad: Ninguna parte de esta publicación puede reproducirse o transmitirse de ninguna forma ni por ningún medio, mecánico o electrónico, incluidas fotocopias o grabaciones, ni por ningún sistema de almacenamiento y recuperación de información, ni transmitirse por correo electrónico sin la autorización escrita del editor.

Si bien se han realizado todos los intentos para verificar la información provista en esta publicación, ni el autor ni el editor asumen ninguna responsabilidad por los errores, omisiones o interpretaciones contrarias del contenido aquí presente.

Este libro es solo para fines de entretenimiento. Las opiniones expresadas son solo del autor y no deben tomarse como instrucciones u órdenes de expertos. El lector es responsable de sus propias acciones.

El cumplimiento de todas las leyes y normativas aplicables, incluidas las leyes internacionales, federales, estatales y locales que rigen las licencias profesionales, las prácticas comerciales, la publicidad y todos los demás aspectos de realizar negocios en los EE. UU., Canadá, el Reino Unido o cualquier otra jurisdicción es de exclusiva responsabilidad del comprador o lector

Ni el autor ni el editor asumen ninguna responsabilidad u obligación alguna en nombre del comprador o lector de estos materiales. Cualquier desaire percibido de cualquier individuo u organización es puramente involuntario.

Índice

INTRODUCCIÓN 1
CAPÍTULO 1 - UN POETA CIEGO DE JONIA 3
CAPÍTULO 2 - PITÁGORAS 8
CAPÍTULO 3 - ATENAS, GRECIA 15
CAPÍTULO 4 - EL PANTEÓN GRIEGO 21
CAPÍTULO 5 - LA EXPULSIÓN DE LOS PERSAS 25
CAPÍTULO 6 - LA ESCLAVITUD 31
CAPÍTULO 7 - LA EDAD DE ORO DE ATENAS 37
CAPÍTULO 8 – PERICLES EN GUERRA 42
CAPÍTULO 9 – EL MÉTODO SOCRÁTICO 47
CAPÍTULO 10 - PLATÓN 51
CAPÍTULO 11 - ALEJANDRO MAGNO 54
CAPÍTULO 12 – EL PERIODO HELENÍSTICO 60
CAPÍTULO 13 - DE GRECIA A ROMA 64
CAPÍTULO 14 - LA REPÚBLICA ROMANA 70
CAPÍTULO 15 - LOS DIOSES PRESTADOS DE ROMA 74
CAPÍTULO 16 - LOS ROMANOS CLÁSICOS 78

CAPÍTULO 17 - LOS GLADIADORES 85
CAPÍTULO 18 - JULIO CÉSAR, PARTE 1 92
CAPÍTULO 19 – JULIO CÉSAR, PARTE 2 97
CAPÍTULO 20 – EL IMPERIO ROMANO 102
CAPÍTULO 21 – LA CIUDAD DE POMPEYA 106
CAPÍTULO 22 – ANTONINA Y LA PESTE CIPRIANA 112
CAPITULA 23 – BRITANIA Y LONDINIUM 117
CAPÍTULO 24 – RESTOS DE LA ANTIGÜEDAD CLÁSICA 122

Introducción

La historia de Atenas, Roma, Hellas y la República romana comienza con un mar cálido y azul sobre cuyas aguas un puñado de humildes canoas se desplazan de costa a costa. Los agricultores poblaron las altas colinas del reino prehelénico, sembrando cebada y trigo, y cosechando aceitunas y uvas para hacer aceite y vino. Las familias cultivaban suficiente comida para alimentarse, y quizás quedaba un poco para vender en el mercado de la comunidad local.

Pronto, los comerciantes minoicos y fenicios aprendieron a construir grandes barcos de galeras de madera capaces de llevar a un grupo de personas de manera segura de una ciudad a otra por medio de docenas de remos. Con buenos vientos, los marineros podían dejar caer las velas del bote y descansar sus brazos mientras la brisa hacía el trabajo. Un surtido de griegos, italianos, cartagineses, egipcios, persas y etruscos aprendieron a remar y navegar estas aguas en busca de granos, verduras, frutas, textiles, cerámica, armas y metales preciosos. La curiosidad y los patrones de migración hicieron a estas personas vecinas, pero la necesidad las hizo socios comerciales y aliados, y eventualmente rivales.

Desde el siglo IX hasta el siglo V antes de Cristo, la población de Grecia creció sin precedentes, y se expandió de aproximadamente

800.000 a 13 millones.[1] Cerca de un cuarto de millón de estos vivían en Atenas.[2] El tamaño promedio de los hogares urbanos durante este período creció considerablemente, un hecho que sugiere que los alimentos estuvieron repentinamente disponibles en excesos suficientes para mantener a las familias más grandes sanas y vivas mucho más eficazmente que solo un milenio antes.[3] Las familias más grandes entrañaban ejércitos más numerosos y comunidades más grandes que eventualmente crecerían en las metrópolis de la Grecia clásica.

Este increíble periodo de tiempo se llama antigüedad clásica; la época en que la civilización occidental se dio cuenta por primera vez de su potencial y lugar en el mundo. La era trajo grandes cambios para todos los pueblos del Mediterráneo. Gracias a los nuevos métodos agrícolas, la tecnología marítima y el comercio, grandes civilizaciones surgieron alrededor del mar, construyendo grandes centros urbanos llenos de artistas, comerciantes, pensadores políticos, científicos y filósofos. A medida que la cultura grecorromana creció, las relaciones entre cada ciudad y reino también evolucionaron y cambiaron.

Comenzó en Grecia.

---

[1] Sealey, Raphael. *Una historia de los estados de la ciudad griega.* 1976.
[2] Thorley, J. *Democracia Ateniense.* 2005
[3] Ault, Bradley, A. "Oikos y Oikonomia: casas griegas, hogares y la economía doméstica". 2007.

Capítulo 1 - Un poeta ciego de Jonia

La Grecia pre-ateniense no era todavía el faro brillante de la cultura y el intelecto en que se convertiría, pero incluso siglos antes de que surgieran los más grandes filósofos de esa ciudad-estado brillante, Grecia era un país de amor y arte. Un poeta ciego de ese tiempo, bien educado para su época y profundamente talentoso, tuvo la suerte de haberse encontrado en una sociedad que atesoraba sus dones de oratoria y canto. Otras civilizaciones pueden haberlo dejado terriblemente luchando, pero no la de los antiguos jonios. La suya era una región bien poblada en la costa noreste del mar Mediterráneo, que formaba parte del asentamiento de Grecia occidental. Allí, según el antiguo historiador griego Heródoto,[4] un bardo e historiador llamado Homero recibió una tregua.[5] Sus poemas fueron recibidos con alegría y sus cuentos recordados por

---

[4] Heródoto, *Historias.* Escrito en 440 a.C., Heródoto señala en este manuscrito que cree que Homero vivió 400 años antes que él.

[5] Aunque la autoría completa de la *Odisea* y la *Ilíada* se le atribuye a Homero, la mayoría de los investigadores están de acuerdo en que las obras fueron agregadas regularmente a lo largo de los siglos por los sucesivos narradores e historiadores que lo siguieron. Fuente: Kahane, Ahuvia. *Homero: una guía para los perplejos.* 2012.

interminables generaciones. Estas son las primeras historias y mitos que el mundo conoce de los antiguos pueblos antes de que su país se convirtiera en una leyenda propia: el primer florecimiento de la civilización occidental. Durante la época de Homero, se estaba utilizando un nuevo alfabeto para reemplazar el sistema de escritura perdido de los micénicos.[6] Basado en el de los fenicios, el alfabeto griego presentaba 24 letras destinadas a representar tanto consonantes como sonidos de vocales. El alfabeto siguió a los navegantes griegos a destinos exóticos y adoptó nuevas formas y ligeras variaciones en muchas ciudades portuarias del mar Mediterráneo. En Jonia, el uso de Homero del griego en sus poemas épicos populares ayudó a que el idioma se popularizara en los reinos circundantes, como lo haría la imprenta en la Edad Media europea.

Probablemente fue en algún momento a finales del siglo VIII a.C. cuando Homero compuso sus obras más épicas: dos poemas de larga duración en griego antiguo que relataron los diez años de la guerra de Troya, un pilar de la mitología griega, y el largo viaje a casa del héroe perdido, Odiseo.[7] La guerra de Troya es en sí misma un hito de la historia europea, ocurriera realmente o no. Los arqueólogos, como C. Brian Rose, profesor de arqueología clásica en la Universidad de Pensilvania, creen que Troya era una ciudad en la antigua Turquía cuya ubicación geográfica era estratégicamente necesaria para la migración y el comercio hacia el Cercano Oriente. Rose conjetura que hubo muchas guerras peleadas entre los griegos y los anatolianos a lo largo de la Antigüedad clásica, de la cual la historia de Homero es una.[8]

Puede ser que los escritos de Homero fueran en gran parte obras de ficción, pero marcaron un hito importante en el camino de la

---

[6] Herodótodo. Ibid.

[7] Altschuler, E., Calude, A., Meade, A., y Pagel, Mark. "La evidencia lingüística respalda la fecha de las epopeyas homéricas". 2013.

[8] Rose, C. Brian. "Evaluación de la evidencia de las guerras de Troya". 2004.

evolución humana; por primera vez en el mundo occidental, la literatura, el intelecto y el arte fueron valorados y recompensados lo suficiente como para que un individuo los pudiera ejercer de manera singular. Homero, aunque quizás no fuera técnicamente un autor o escritor, todavía se considera la primera mente literaria del mundo occidental. Aunque probablemente nunca presionó el lápiz sobre una tableta encerada, Homero compuso poemas épicos en memoria de la legendaria guerra de Troya. Fue y sigue siendo un evento tan antiguo y envuelto en un misterio que se considera a la vez mito e historia antigua.

En sus dos largas entregas, la *Ilíada* y la *Odisea*, Homero cuenta la historia del asedio de la ciudad de Troya por una alianza de tribus griegas. La primera historia se estableció durante el último año de la guerra, y a través de un complot que se centra en el rey Agamenón y el guerrero Aquiles, se presentan los detalles más finos de ese asedio. La *Odisea* luego sigue el largo viaje de uno de los héroes de esa larga guerra, Odiseo, mientras viaja a su hogar en Ítaca. Ambas historias usan una multitud de deidades como personajes principales y secundarios, incluidos Afrodita, Atenea y Apolo, que literalmente entran al campo de batalla a ambos lados del choque entre los troyanos y los griegos.

Casi 3.000 años después, la mayoría de las civilizaciones occidentales aún conocen al menos parte de la legendaria historia de la guerra de Troya. Comienza con el secuestro de la hermosa reina Helena del rey Menelao de Esparta, y termina con el falso regalo de un caballo gigante de madera. De hecho, las historias del poeta jónico ciego no son solo ejemplos de literatura antigua; son una prueba de la creatividad de la humanidad y el amor infinito de los cuentos de aventuras con finales sorpresivos.

Por antiguas que sean, las palabras de Homero son increíblemente hermosas y llenas de sentimientos. Lejos de un recuento seco de hechos y eventos, los poemas de Homero fueron creados para atraer a sus oyentes a conectarse emocionalmente con los eventos del pasado. Estaba seguro de enredar los corazones de las audiencias en las historias con un uso inteligente de las normas culturales contemporáneas, como el diálogo entre múltiples dioses griegos:

> Los hombres son tan rápidos para culpar a los dioses: dicen
>
> que ideamos su miseria. Pero
>
> ellos mismos- en su depravación- diseñan
>
> una pena mayor que las penas que el destino asigna.

Por supuesto, ya que Homero probablemente nunca escribió nada, y quizás nunca supo cómo escribir, sus historias fueron recordadas a través del acto de ser contadas una y otra vez. Este fue el camino de Homero y sus ancestros, quienes eran expertos en recordar lo que equivalía a miles de páginas de palabras, líneas, estrofas y párrafos. Para Homero, probablemente se hizo más fácil gracias a su uso de la lira, que era un instrumento básico para todos los narradores en sus poemas. Puesta en música, la poesía era doblemente entretenida y mucho más fácil de memorizar.

Después de todo, Homero no se habría considerado un escritor, sino un bardo. Era el trabajo de su vida contar historias en forma de canciones. Las leyendas de Homero, contadas a través de la escritura de poetas y escritores griegos que llegaron siglos más tarde, dicen que se ganaba la vida vagando de ciudad en ciudad, ofreciendo entretener a los hogares con sus historias. [9] Una vez que había sido invitado, probablemente para una cena, tomaría una silla en la mesa o simplemente a un lado, arrancaría las cuerdas de su lira y comenzaría a cantar las palabras que había juntado en su mente.

Con 176.000 palabras, la *Ilíada* no era una historia que pudiera contarse en el espacio de una corta noche. Como era costumbre en los bardos como Homero, probablemente se quedó varios días con su familia anfitriona, revelando la tragedia de la guerra de Troya pieza por pieza, canción por canción, hasta que finalmente llegó al desenlace una noche.

---

[9] Scodel, Ruth. "Actuación bárdica y tradición oral en Homero." 1998.

Cualquier momento puede ser el último. Todo es más hermoso porque estamos condenados. Nunca usted será más encantador de lo que es ahora. Nosotros nunca volveremos a estar aquí otra vez.

La historia humana está plagada de violencia, guerra, batallas por el dominio y la supremacía, y organizada por listas de grandes guerreros y emperadores. Durante miles y miles de años, los inspirados para pintar cuadros, construir grandes obras de arte, proponer filosofías y contar historias debían dedicar sus energías a necesidades como la agricultura, la jardinería, el pastoreo, la molienda de granos y el mantenimiento de sus hogares. La arqueología del mundo prehistórico se centra en los alimentos, la ropa, la cerámica y la migración; poco o nada existe que contradice a cualquier artesano célebre con la excepción de grandes arquitectos. Hace tres milenios, sin embargo, algo sorprendente sucedió en Grecia. Una dispersión de los centros urbanos se hizo lo suficientemente fuerte y con recursos para apoyar a un nuevo tipo de ciudadano: el filósofo.

Capítulo 2 - Pitágoras

Mientras el Hombre continúe siendo el despiadado destructor de los seres inferiores, no conocerá la salud o la paz. Mientras los hombres masacren animales, se matarán unos a otros. Ciertamente aquél que siembra la semilla del asesinato y el dolor no puede cosechar gozo y amor.

(Pitágoras, citado por Ovidio en las *Metamorfosis*)

Al igual que Homero, el antiguo Pitágoras jónico no se propuso vivir su vida como lo hacían los hombres comunes. Él también tuvo la suerte de encontrarse a sí mismo como parte de una cultura en la que no era necesario que pasara su vida cultivando o criando ovejas. En su lugar, Pitágoras quería pasar su tiempo comprendiendo los misterios del universo.

El hombre en cuestión nació en Samos, una isla mediterránea que formaba parte de la Liga Jónica.[10] Hijo de un joyero fenicio de Tiro y de una madre griega local de Samos, el joven Pitágoras era evidentemente un chico popular que estaba ansioso por aprender todo lo que pudiera sobre matemáticas y religión. Gracias a su familia aristocrática, pudo estudiar a los pies de algunos de los tutores más respetados de Samos. Dado que la educación aún no se

---

[10] Kahn, Charles H. ***Pitágoras y los pitagóricos: una breve historia.*** 2001.

había formalizado en la Grecia del siglo VI, los currículos de los estudiantes podían ser bastante diversos. En general, los niños varones de familias bastante ricas aprenderían el alfabeto, los números y algunas matemáticas básicas. Los niños más pobres no recibieron tales enseñanzas, ya que solo podían concentrarse en tareas pertinentes relacionadas con la agricultura, el pastoreo y el mantenimiento del hogar. La mayoría de las niñas se quedaron sin tutoría por completo.

Para Pitágoras, el aprendizaje era todo. Amaba las matemáticas y la filosofía, creyendo que en un nivel último los dos eran el mismo. El universo, para él, estaba hecho de números y ecuaciones, y se vio obligado a tratar de combinar piezas de cada una de sus asignaturas en una sola filosofía que todo lo abarca para explicar la vida y el mundo físico. Creía que, si podía extraer las teorías más sólidas de la filosofía y la religión y relacionarlas de alguna manera con los principios fundamentales de las matemáticas, podría lograr esta meta elevada.

Pitágoras se inspiró en la antigua religión órfica que ya había pasado de moda con los griegos. Los órficos creían que una persona tenía un alma inmortal que había sido encarcelada en un cuerpo físico como castigo por algún pecado pasado. El culto de Orfeo se basó en la poesía atribuida al hombre mítico del mismo nombre que se dijo que había ido a las profundidades del inframundo y luego regresó a la superficie de forma segura. Los seguidores creían que, si pasaban la vida evitando las malas acciones, sus almas serían liberadas de la prisión del cuerpo.

Para los órficos tradicionales, cualquier acto del cual una persona pudiera obtener placer era pecaminoso y, por lo tanto, inapropiado. Para obtener la libertad del alma, esa persona tenía que suscribirse con entusiasmo al ascetismo y, por lo tanto, rechazar las ganancias materiales, el abuso, el alcohol y muchas actividades que el ciudadano promedio da por sentado, incluido el sexo.[11] Como un

---

[11] Scott, Charles E. *Viviendo con indiferencia*. 2007.

miembro devoto de la fe que esperaba restablecer, Pitágoras adoptó una dieta sin carne.

En la búsqueda de una teoría unificadora entre sus asignaturas de estudio, Pitágoras concentró sus energías lejos de la tentación y, según esperaba, imploró a las fuerzas que debían contemplarlo favorablemente. En sus reflexiones, llegó a la conclusión de que el alma divina de una persona no perecía después de la muerte, sino que generalmente pasaba a ser un nuevo bebé. Sus ideas fueron ridiculizadas por la mayoría de sus compañeros que le ofrecieron poco para estimular la conversación, ya que el sistema educativo de su época era bastante limitado. En busca de más conocimiento, Pitágoras abandonó su tierra natal y viajó por Grecia y el cercano Oriente, finalmente cruzando el mar hacia Egipto.

El Reino egipcio ya había alcanzado su cénit impresionante y se estaba reduciendo en influencia y prosperidad a lo largo de la vida de Pitágoras, pero las ciudades del aún poderoso reino tenían un gran misterio para el viajero griego. Fue a la gran ciudad de Memphis para estudiar con los sacerdotes y sabios de allí.[12] Le enseñaron nuevos métodos en matemáticas, así como impartiéndole sus creencias espirituales como un estudiante dispuesto. Los sacerdotes veneraron el secreto en su práctica y prohibieron usar pieles de animales dentro de los templos. También prohibieron comer habas,[13] que generalmente no se cultivaban en ninguna parte de Egipto, aunque se usaban como ofrendas a los dioses. El profundo sentimiento de compromiso y verdad que Pitágoras sintió en Egipto lo afectó por el resto de su vida, aunque no estuvo de acuerdo con todas las reglas que los sacerdotes le enseñaron.

Sin embargo, el sistema jerárquico en el que los sabios de Egipto eran venerados irritaba a Pitágoras, cuya mentalidad ascética lo

---

[12] Joost-Gaugier, Christiane L. *Midiendo el cielo: Pitágoras y su influencia en el pensamiento y el arte en la antigüedad y en la Edad Media.* 2006.

[13] Lippi, D. "El síndrome de las habas en el antiguo Egipto". 1989.

impulsaba a verse a sí mismo más como un buscador de la verdad que un hombre santo. La palabra que inventó para describirse proviene de dos palabras griegas: philos y Sofía. Esto significaba "amante" y "sabiduría", lo que convirtió a un hombre como Pitágoras en un "philos-sofía", o filósofo.[14] Como tal, buscó equilibrar la distribución de la educación, cambiando así el sistema elitista en vigor. Con este fin, comenzó a tomar estudiantes y enseñarles lo que había aprendido.

El maestro inspirado encontró estudiantes muy ansiosos dentro del reino de los faraones, pero la felicidad que había descubierto allí no duró para siempre. En el 525 a.C., el ejército persa llegó a Egipto y se abrió paso en el corazón del reino, poniendo fin a los 2.600 años de gobierno de los renombrados reyes de Egipto.[15] A más reyes se les permitió usar ese título, pero el verdadero poder detrás de la corona fue en adelante ejercido por el rey Cambises II de Persia y sus sucesores. Los conquistadores tomaron a Pitágoras como su prisionero.

Se encontró encarcelado en Babilonia, el centro de la civilización de Mesopotamia del Medio Oriente, durante varios años. Durante este tiempo, soñó con regresar a su hogar en Samos y construir una nueva comunidad de maestros, estudiantes y filósofos. Sin embargo, cuando finalmente tuvo la oportunidad de hacerlo, descubrió que la isla de su nacimiento había cambiado terriblemente. Debido a la corrupción política y al gobierno tiránico de Polícrates, las carreteras y los edificios se habían degradado y la gente se había vuelto más basta.[16]

Pitágoras fundó su escuela a pesar de estos cambios y se convirtió en un ícono nacional. Su academia, llamada Semicírculo, siguió de

---

[14] Guthrie, W. K. C. *Una historia de la filosofía griega: Volumen 1, Los presocráticos anteriores y los pitagóricos.* 1978.
[15] Bunson, Margaret. *Enciclopedia del antiguo Egipto.* 2014.
[16] Shipley, Graham. *Una historia de Samos, 800-188 a.C.* 1987.

cerca los planes de estudio de las escuelas egipcias que había frecuentado durante su estancia en el extranjero.[17] Trabajó duro para cultivar la comunidad de intelectos que esperaba reunir, pero en última instancia, sus esfuerzos fueron en vano. Este no era el lugar adecuado para reclutar personas inteligentes y entusiastas para su nueva comunidad.

Entonces, Pitágoras salió de Samos una vez más y se dirigió al mar, esta vez hacia el oeste. Aterrizó en la colonia griega de Crotón, en el moderno continente italiano, y estableció una nueva comunidad. Fue aquí, en el último hogar del filósofo errante, que reunió a los entusiastas buscadores de conocimiento cuya compañía había anhelado toda su vida.[18] Tanto los hombres como las mujeres acudían a Pitágoras para tomar lecciones, y él les enseñó indiscriminadamente, instruyéndolos en sus métodos de ciencias unificadas y creencias órficas. La mayoría de los estudiantes probablemente siguieron los pasos de su maestro, rechazando la carne y dedicando sus acciones al mejoramiento de sus almas divinas.

El nombre de Pitágoras se ha convertido en sinónimo del desarrollo del propio teorema de Pitágoras, que es una piedra angular de la geometría avanzada. En matemáticas, un teorema es igual a una ley, excepto que se ha probado sobre la base de varias otras leyes. El teorema de Pitágoras se relaciona con los triángulos rectos, afirmando que el cuadrado de la hipotenusa (el lado del triángulo opuesto al ángulo recto) es igual a la suma de los cuadrados de los otros dos lados. Se escribe como $a^2+b^2=c^2$.

Esta ecuación le permite a cualquiera determinar la longitud de cualquier lado de un triángulo rectángulo siempre que las otras dos longitudes ya sean conocidas. Irónicamente, aunque a Pitágoras a menudo se le atribuye el descubrimiento de esta relación entre los

---

[17] Karamanides, Dimitra. *Pitágoras: matemático pionero y teórico musical de la antigua Grecia.* 2005.
[18] Ibid.

lados de un triángulo rectángulo, esta ley geométrica particular ya se conocía en Babilonia y Egipto. Pitágoras pudo haberlo aprendido durante su tiempo con los monjes en Babilonia o con los sacerdotes de Memphis y simplemente se lo presentó a los griegos por primera vez a su regreso.[19]

Los triángulos rectos no eran su única búsqueda matemática. Pitágoras también desafió la idea de que la Tierra era plana, un concepto que se mantuvo de moda a pesar de su investigación astronómica. Su estudio de las sombras de la Tierra cayendo a través de la luna durante los eclipses lunares lo ayudó a concluir que la Tierra era realmente una esfera. De lo contrario, dijo, ¿cómo podría la Tierra proyectar sombras consistentemente con bordes curvos?[20]

Pitágoras, un hombre espiritual dedicado a la búsqueda y el estudio de la música, insistió en que la música era tan parte del universo como las mareas y las estaciones. Naturalmente, introdujo la teoría musical en sus búsquedas matemáticas, creyendo que la relación entre las notas y la longitud de las cuerdas de una lira podía representarse mediante una proporción matemática. También creía que los planetas del sistema solar producían cada uno una nota específica.[21] En su mente, el universo estaba hecho de música que nunca podría escuchar.

Pitágoras murió en circunstancias misteriosas, y su escuela fue incendiada por enemigos políticos.[22] Los historiadores no están seguros de si alguna vez se casó o tuvo hijos. Sin embargo, sus enseñanzas y modo de vida persistieron en Grecia y el Mediterráneo

---

[19] Ratner, Bruce. "Pitágoras: Todos conocen su famoso teorema, pero no quién lo descubrió 1000 años antes que él". 2009.
[20] Couper, Heather y Henbest, Nigel. *La historia de la astronomía: cómo el universo reveló sus secretos.*

[21] Ibid.

[22] Kahn, Charles H. *Pitágoras y los pitagóricos.* 2001.

durante siglos después de su fallecimiento. Sus descubrimientos y su estilo de vida influyeron en gran medida en los filósofos que aún estaban por venir y dieron forma a nuestra comprensión del mundo y del lugar que ocupa la humanidad en él.

Capítulo 3 - Atenas, Grecia

Grecia fue originalmente el hogar de cuatro tribus antiguas (jonios, aqueos, eólicos y dorios) de las cuales se derivaron muchas ramas de la civilización griega. Mientras Homero y sus sucesores sin nombre actuaban en las casas de Jonia y Pitágoras vagaban por el mundo conocido en busca de respuestas a las preguntas más complejas de la vida, los griegos en el continente conservaban un estilo de vida seminómada. Las familias y las pequeñas comunidades de griegos, muy unidas, pasaron siglos recorriendo la tierra y permaneciendo temporalmente en las ciudades que fundaron antes de seguir adelante. En Atenas, muchos de ellos finalmente encontraron un hogar permanente.[23]

Fue aquí donde un grupo de antiguos agricultores habitaban las tierras de las altas colinas donde pudieron cultivar cebada, trigo, granadas, higos, uvas y aceitunas. Situados entre las montañas bajas y no muy lejos de la costa del mar Mediterráneo, estos agricultores florecieron hasta 3.000 años antes de que ese lugar se convirtiera en una metrópolis.[24] En primer lugar, solo una pequeña aldea,

---

[23] Sacks, David; Murray, Oswyn; y Brody, Lisa R. *Enciclopedia del mundo griego antiguo.* 2014.

[24] Immerwahr, S. *El Ágora XII Ateniense: El Neolítico y la Edad de Bronce.* 1971.

difícilmente la más impresionante en las tierras griegas, Atenas persistió, atrayendo lentamente a los colonos lejos de las tradiciones nómadas de las tierras vírgenes. En el siglo V a.C., Atenas era una hermosa ciudad construida con piedra y llena de edificios religiosos y objetos que satisfacían la abrumadora necesidad del pueblo de adorar a las muchas deidades de sus antepasados.[25] Gran parte de su éxito se debió a su proximidad con el mar.

Cerca de allí, a poco más de 11 kilómetros (7 millas) al suroeste de la ciudad incipiente, se encontraba la concurrida ciudad portuaria de Pireo. Los humanos vivieron allí durante al menos 2.000 años antes de que Atenas se estableciera; pescaban, cultivaban y recolectaban sal a lo largo de las llanuras bajas que conectaban su asentamiento con el continente.[26] Los atenienses harían el viaje para recolectar sal cuando los pisos estuvieran secos y expuestos, aunque durante gran parte del año, la aldea portuaria fue aislada físicamente de ellos por el mar elevado.[27] Estos fueron los días de gloria para Atenas cuando el comercio entre el norte de África, Europa y Asia occidental estaba en auge y era emocionante. Los mercados de El Pireo rebosaban con olivas, aceite, vino, madera italiana, granos egipcios, miel, plata, cerámica, pescado, anguilas, corderos, cabras, pieles de animales, mariscos y hasta esclavos. Gracias a este puerto una vez humilde, Atenas y otras ciudades a lo largo del mar Mediterráneo se expandieron rápidamente, estableciendo una de las redes culturales más importantes e influyentes en el mundo antiguo.

Para Atenas, las comunicaciones con el mundo exterior fueron cruciales para su propio crecimiento y perseverancia, particularmente porque solo alrededor de una quinta parte de la masa

---

[25] Kleiner, Fred S. *El arte de Gardner a través de las edades: una historia global.* 2009.

[26] Protopapas, Athanassios. *Actas de la Conferencia Europea de Ciencia Cognitiva.* 2007.

[27] **Apostolopoulos**,G; Goiran, Jean-Philippe; **Pavlopoulos**, Kosmas; y Fouache, Eric. "¿Fue la península del Pireo (Grecia) una isla rocosa?" 2014.

total de Grecia era adecuada para el cultivo.[28] A pesar de que cultivaron sus propios granos, los cultivos de cebada, trigo y mijo dependían mucho de las condiciones climáticas ideales y, de un año a otro, sus rendimientos fluctuaron enormemente. En cantidades más pequeñas, los primeros atenienses cultivaban habas, garbanzos y lentejas. Otras fuentes de alimentos incluyeron pepinos, manzanas, peras, granadas, cebollas, ajo, almendras y nueces. Estos eran nutritivos, pero los atenienses necesitaban más grano para sostener a una población más grande. En el Pireo, importaron exactamente lo que necesitaban de los comerciantes cercanos en busca de fruta, aceite y pescado.

Una vez que se establecieron sus fuentes de alimentos, Atenas propiamente dicha y su región circundante, llamada Ática, aumentaron a una población de aproximadamente 300.000 en el siglo V a.C.[29] Se calcula que 50.000 de esas personas eran esclavos, y aproximadamente 30.000 de ellos eran hombres adultos con derecho a participar en elecciones políticas.[30] A pesar de las marcadas líneas que se trazaron entre votantes y no votantes, este es el primer ejemplo bien documentado de una democracia bien organizada en el mundo y, ciertamente, el primero de su tipo en la civilización occidental. Fue aquí donde se discutieron los primeros principios de gobierno de la gente en sus más finos detalles.

Antes de que la democracia ateniense tomara el poder de los arcontes aristocráticos, la gente necesitaba la ayuda de sus ciudadanos reformistas educados e influyentes. Uno de los primeros en condenar el modelo político oligárquico de la ciudad fue Solón,

---

[28] Harlan Hale, William. *Historia del horizonte de la antigua grecia.* 2017.

[29] De Ligt, Luuk, y Laurens E. Tacoma (editors.) *Migración y movilidad en el Imperio Romano temprano.* 1967.

[30] **Rothchild, John. *Introducción a la democracia ateniense de los siglos V y IV a.C.*** 2007.

nacido en Ática alrededor del 636 a.C.[31] Irónicamente, Solón nació en una familia noble que podría rastrear su linaje hasta Codro, uno de los últimos semidioses que gobernaron como rey de Atenas. Aunque su familia no era particularmente rica, era muy influyente, y en su juventud, Solón se encontró a sí mismo al frente de un ejército ateniense cuyo propósito era poseer la isla de Salamina. Salamina se encuentra a pocos kilómetros de la costa de El Pireo, por lo que es un lugar estratégico para desarrollos portuarios y mercantiles.

Una facción de Ática luchó contra esta usurpación, pero finalmente, la isla fue otorgada a Atenas por un enviado espartano neutral a quien se le pidió que interviniera.[32] Después, Solón se convirtió en un arconte de Atenas y el reino, otorgándole poderes políticos sobre toda la ciudad y su área urbana más grande. Otros ocho hombres tenían la misma posición, y estos nueve líderes estaban destinados a administrar las diversas facetas de Atenas basándose en la discusión y el acuerdo directo entre ellos.

Solón tenía grandes ideas para la gente de Atenas, pero él sabía que esas otras ideas serían cuestionadas por los otros ocho arcontes. Solón se consideraba un hombre de igualdad, pero la posición de arconte estaba en manos de los miembros de las familias más ricas de Atenas, quienes sabía de primera mano que rechazarían una reforma que favoreciera a los pobres de la ciudad. Atrevidamente, Solón tomó varias decisiones sin precedentes sin el consejo de sus compañeros arcontes e inmediatamente huyó de la ciudad para evitar las repercusiones.

El nuevo fallo más controvertido fue borrar todas las deudas públicas. Solón no solo era responsable de esta reforma en sí, sino del hecho de que sus propios amigos y familiares lo habían sabido de antemano. Habiendo obtenido préstamos antes de las reformas, estos

---

[31] Stanton, G. R. *La política ateniense siglo 800–500 a.C: un libro de consulta.* 1990.

[32] Plutarch. *Las vidas de Plutarco.*

amigos sabían perfectamente bien que no tendrían que hacer ningún reembolso. Solón también había legislado para que más hombres de Atenas pudieran ingresar a la Asamblea, el órgano central de gobierno de la ciudad en la que los ciudadanos discutían y votaban sobre los temas del día.[33] Era un medio para quitar el poder del gobierno de las manos de los aristócratas y compartir la propiedad de la ciudad con su clase media. Habiendo redefinido la "ciudadanía" para incluir a cualquier persona masculina propietario de tierra en Ática, la ley de Solón permitió que 400 ciudadanos representativos se reunieran y administraran las leyes y los problemas diarios de la ciudad-estado. Esta asamblea se llamó el boule, y sus miembros fueron elegidos por un cuerpo mucho mayor de todos los ciudadanos adultos masculinos del reino.[34]

Lamentablemente, Solón no pudo disfrutar de los maravillosos regalos que les había dado a los atenienses de clase media, ya que había abandonado Grecia por completo y se había embarcado en un viaje de diez años que lo llevó por todo el Mediterráneo. Al igual que los viajes y las aventuras de la Odisea de Homero, los viajes de Solón lo llevaron a recorrer miles de millas de mar y tierra para encontrarse con dignatarios extranjeros, como el faraón Amosis II de Egipto.[35] Era el tipo de vida que correspondía a un poeta, que es exactamente lo que Solón prefería ser. Algunas de sus obras están incluidas en las *Vidas de Plutarco*:

> Algunos malvados son ricos, algunos buenos son pobres;
>
> No cambiaremos nuestra virtud por su abundancia:
>
> La virtud es una cosa que nadie puede quitar,
>
> Pero el dinero cambia de dueño todo el día.

---

[33] E. Harris, *Una nueva solución al enigma de la Sisactía, en El desarrollo de la polis en la Grecia arcaica.* 1997.

[34] McGlew, James F. *Tiranía y cultura política en la antigua Grecia.* 2018.

[35] Moyer, Ian S. *Egipto y los límites del helenismo.* 2011.

Las reformas de Solón no durarían el siglo, pero su premisa e ideales sobrepasaron al hombre mismo. Clístenes retomó las riendas del gobierno justo y la democracia una vez más en 507 a.C., considerando que cada hombre libre mayor de dieciocho años que vivía en Ática era un ciudadano de Atenas con el derecho de representación en la Asamblea.[36] Sin embargo, solo los ciudadanos propietarios de tierras podían servir como representantes, pero era un sistema más justo de lo que había sido. Esta legislación se mantuvo firme hasta que el arconte Efialtes convenció a los demás altos gobernantes de la ciudad para minimizar aún más el poder de la nobleza, otorgándoles solo la autoridad para gobernar los casos judiciales de asesinato o sacrilegio.[37] Esto sucedió en el 462 a.C., cuando se estableció firmemente la democracia en Atenas.[38]

---

[36] Ackermann, M, et al (editors.) *Enciclopedia de Historia del Mundo: Volumen I.* 2008.

[37] Thorley, J. *Democracia ateniense.* 2005.

[38] Tangian, Andranik. *Teoría matemática de la democracia.* 2013.

Capítulo 4 - El Panteón Griego

Las historias de los dioses de Grecia son mucho más antiguas que cualquiera de las ciudades de la antigüedad clásica, incluso las de Jonia. Las tabletas que contienen sus nombres son anteriores a la forma de escritura griega utilizada por Homero.[39] Al menos una docena de dioses y diosas, cada uno con su propio conjunto de poderes y características, gobernaron a las antiguas Hellas durante miles de años antes de que las viejas formas se separaran y comenzara la era del cristianismo. De hecho, estas creencias probablemente fueron tan fuertes y duraderas porque se reforzaron en todo el mundo conocido de los griegos, incluidas las culturas de los nórdicos, los italianos e incluso la civilización del valle del río Indo.

La migración antigua y los patrones de comercio casi con seguridad difunden las historias de cientos de diferentes dioses y diosas de un extremo de Europa a otro, que se extienden a lo largo de Asia occidental y hacia la India. La historia de la creación de los griegos

---

[39] Sacks, D, et al. *Enciclopedia del mundo griego antiguo*. 2014.

es una que aún resuena con la gente del Mediterráneo. Comienza con caos.[40]

El caos era la nada negra, vacía y sin propósito. De su vacío, la Madre Tierra, Gaia, surgió. Ella era la forma física de la Tierra, una deidad en sí misma que vendría a nutrir a todas las personas y criaturas del mundo. Ella no fue la única forma que apareció fuera del Caos, tampoco. Luego, estaban Eros, Tártaro (el Abismo) y Érebo, los dioses del amor, el inframundo y la oscuridad profunda. Mientras todos vivían juntos en el Caos, Gaia quedó embarazada sin tomar un homólogo masculino y dio a luz a Urano, el dios del cielo, así como a su hermano Ponto, el dios del mar.

Gaia y Urano se convirtieron en amantes, y de su unión nacieron los doce titanes. Su unión también dio a luz a los cíclopes y los Hecatónquiros. Aunque los Titanes se parecían a seres humanos gigantes, los Cíclopes solo tenían un ojo, y los tres Hecatónquiros tenían cien manos y cincuenta cabezas cada uno. Urano se horrorizó con su descendencia y decidió esconderlos en las profundidades de Tártaro, el abismo dentro de Gaia, en el exilio. Los primeros dioses no solo eran seres sensibles y poderosos, sino también los espacios físicos que eran la tierra, el cielo, el inframundo y el universo mayor. Entonces, Urano pudo encerrar a sus horrorosos hijos dentro del inframundo de la tierra, que también era su esposa.

Gaia no quiso esconder a sus hijos, y los llamó, aconsejándoles que se alzaran contra su padre y tomaran su lugar entre los dioses. Solo uno de sus hijos respondió a su súplica: el Titán Cronos. Cronos luchó contra su padre y lo castró, arrojando los genitales del Dios al mar. Luego tomó su lugar a la cabeza de los dioses e invitó a sus hermanos y hermanas Titanes a que lo asistieran como su rey. Cronos se casó con su hermana Rea, conocida como la diosa de la maternidad y la fertilidad. Pronto, sin embargo, Cronos envió a los Cíclopes y los Hecatónquiros de vuelta a Tártaro, traicionando y

---

[40] David Leeming y Margaret Leeming, UN DICCIONARIO DE MITOS DE LA CREACIÓN. 1994.

enojando a su madre. A pesar de su traición, Cronos gobernó el universo durante miles de años en los que nacieron multitudes de dioses y criaturas, incluida una línea de humanos que nunca envejecieron.

Sus padres le dijeron a Cronos que estaba destinado a ser derrocado por uno de sus propios hijos, ya que así era como había ganado su propio poder. Para evitar tal desgracia, Cronos se comió a los niños que Rea dio a luz, tragándoselos enteros. Cinco niños fueron eliminados de esta manera hasta que Rea engañó a su esposo para que comiera una piedra envuelta en un pañuelo en lugar de su sexto hijo, Zeus. Zeus fue luego ocultado en una cueva en Creta donde podría llegar a la edad adulta con seguridad. El bebé maduró bien, pero llegó a odiar a su padre y se comprometió a derrocar al gobernante Titán. Con la ayuda de su esposa, la diosa de la sabiduría Titán, Metis, Zeus le dio a Cronos una poción que le hizo purgar a todos sus hijos tragados. El plan funcionó y todos los hermanos de Zeus salieron: Hera, Hades, Poseidón, Deméter y Hestia. Además de los hijos de Cronos, vino la piedra envuelta en una manta.

A continuación, Zeus viajó a Tártaro y liberó a los Cíclopes y los Hecatónquiros. Juntos, las tías, los tíos y los hermanos de Zeus se escondieron en el Monte Olimpo para planear el derrocamiento del gobernante caníbal del universo. Mientras permanecían ocultos, las criaturas liberadas enviaban regalos a Zeus y sus hermanos en agradecimiento por su libertad. Para Zeus, crearon un rayo mágico que podía lanzar a sus enemigos. Para Hades, crearon un casco de invisibilidad. Poseidón recibió un tridente que podía sacudir la tierra. Con estas poderosas herramientas, saltaron sobre Cronos y comenzaron la guerra de diez años que se conocería como la Titanomaquia.

Los Titanes a quienes Cronos había salvado del abismo lucharon de su lado contra los olímpicos, pero Prometeo y Temis defendieron a Zeus. Al final, Zeus salió victorioso, y todos los titanes, excepto los que lucharon con él, fueron enviados de regreso a tártaro. Los Hecatónquiros estaban estacionados en sus puertas para asegurar que nadie escapara. El Titán Atlas, por liderar el ejército de Cronos contra los olímpicos, fue sentenciado a sostener el cielo por la eternidad.

En cuanto a los valientes olímpicos, Zeus hizo que sus hermanos y él mismo se rifaran los dominios. Zeus recibió el cielo que agobiaba a Atlas. A Hades se le otorgó el inframundo, Poseidón ganó el dominio sobre los océanos y mares de la tierra, Deméter recibió la agricultura y Hestia el hogar y la vivienda. En cuanto a Hera, Zeus la engañó para que se casara con él, y por lo tanto ella se convirtió en la diosa del matrimonio y el nacimiento. El suyo era un matrimonio infeliz lleno de rebelión y traición, como había sido el primer matrimonio de Zeus. Se había tragado a su primera novia, Metis, cuando ella quedó embarazada de su hija Atenea.

Zeus y su creciente familia gobernaron desde el Monte Olimpo y supervisaron el mundo de los hombres, cuyas vidas cambiaron para siempre desde la larga guerra de los dioses. Ahora, los humanos vivían vidas cortas llenas de pruebas y tribulaciones, envejeciendo y debilitándose a medida que pasaban los años. Aun así, eran una raza favorita de los olímpicos, y el propio Zeus creó la raza macedonia, que era una parte integral de la civilización griega ubicada en el extremo norte del continente griego.

La mitología de los griegos era tan influyente como los mismos pueblos antiguos; de hecho, los primeros romanos tomaron la historia de la creación de los griegos y casi la copiaron palabra por palabra y dios por dios. Los dos son casi indistinguibles unos de otros, y juntos, forman el fondo espiritual de las civilizaciones grecorromanas de la antigüedad clásica.

Capítulo 5 - La Expulsión de los Persas

En el siglo V a.C., el Imperio persa fue el más poderoso de Europa y el Cercano Oriente. Sus fronteras se extendían desde Macedonia hasta Egipto y la India, y su poderoso rey Darío el Grande quería extender su dominio aún más al sur, desde Macedonia y Tracia hasta el mar Egeo.[41] Atenas, Corinto y Esparta estaban en peligro directo de perder todo ante el poderoso ejército persa. Cuando el ejército persa desembarcó en Maratón, a 26 millas de la ciudad de Atenas, en el 490 a.C., los griegos fueron superados en número, pero no carecían de experiencia en la guerra.[42]

El más pobre de los atenienses no tenía nada con qué pelear, excepto los palos y las lanzas, pero ese no era el caso de los hombres ricos de Atenas. Durante la Edad de Bronce, su armadura fue martillada del bronce a corazas, cascos y, a veces, cubiertas de escudo, y fue utilizada por soldados llamados hoplitas.[43] Atenas tenía miles de

---

[41] Briant, Pierre. *De Ciro a Alejandro: una historia del Imperio Persa.* 2002.
[42] Tucker, Spencer C. (editor.) *Una cronología global del conflicto.* 2009.

[43] Kagan, Donald y Gregory F. Viggiano (editores.) *Hombres de bronce: la guerra hoplita en la antigua Grecia.* 2013.d

hoplitas a disposición de los arcontes, y cuando Persia invadió, el uniforme de los hoplitas se había convertido en una armadura completa. El traje estaba compuesto por placas de defensa de bronce que cubrían la parte superior del cuerpo, la cabeza y las piernas de un guerrero. Los soldados estaban armados con una espada de hierro y una lanza y siempre llevaban un gran escudo. La guerra hoplita era nueva en el paisaje, ya que era la primera vez en la historia griega que los soldados eran empleados únicamente para ponerse su armadura, lanza y escudo, y estar preparados para la batalla.

Los hoplitas normalmente eran empleados para mantener a Atenas a salvo de sus propios vecinos, especialmente Esparta, pero esta vez tenían que luchar contra un enemigo desconocido. Juntos, los hombres de Atenas se prepararon para la batalla contra un enemigo indomable. Fueron superados en número dos a uno. En una necesidad desesperada de ayuda, Atenas envió a su mejor corredor, Filípides, a Esparta para rogar por su ayuda. Corrió 250 kilómetros (155 millas) en dos días para llegar a Esparta, pero los guerreros de esa ciudad se vieron obligados a renunciar a la guerra durante un festival religioso que se estaba llevando a cabo.[44] Filípides se desesperó, pero no había nada más que hacer. Varios días después, el ejército espartano marchó hacia el norte para ayudar a su vecino y descubrió que los soldados de Atenas habían logrado la victoria por su cuenta. 6.000 persas habían muerto en el transcurso de un día, y la ciudad seguía en pie, independiente bajo el poder de los arcontes.[45]

Un general en el ejército, Temístocles, fue profundamente afectado por el ataque. Sintió que una victoria contra los persas no era suficiente para considerar que Atenas estaba segura. Un hombre poderoso en Atenas que fue elevado a las alturas de la grandeza política en el sistema democrático, Temístocles escuchó a los líderes de la ciudad cuando insistió en renovar el arsenal militar de Atenas.

---

[44] Karnazes, Dean. *El camino a Esparta*. 2016.

[45] McGinnis, Maura. *Grecia: Guía Cultural de Fuente Primaria*. 2003.

Como la puerta de entrada de Atenas era el mar Egeo, Temístocles sugirió grandes inversiones en nuevas galeras. Quería proteger su ciudad con una flota de trirremes, barcos construidos con la nueva tecnología que provenía de los corintios, quienes la habían adoptado de los fenicios.[46]

La galera trirreme, equipada con tres secciones de remeros, se puso de moda para fines militares en ese momento. Estas naves grandes requerían 85 remeros en cada lado para funcionar, pero a menudo se agregaban remeros adicionales en las filas del medio para agregar más poder a los remos.[47] Bajo el poder de tanto músculo, el trirreme fue más rápido a su máxima velocidad de remo que cualquier otra nave a vela. Fue perfecto para ataques rápidos y viajes internacionales más cortos, ya fuera con fines militares o comerciales. A menudo, los reyes feudales de estas antiguas ciudades portuarias y los imperios florecientes renunciaron por completo al comercio a favor de atacar a su vecino para obtener ganancias territoriales, asaltando las ciudades enemigas en busca de suministros y transportando cualquier cosa de uso en casa.

Aunque solo acababan de salir de una guerra, los atenienses desconfiaban del costo de tal esfuerzo. El proyecto fue postergado durante siete años, que es cuando la ciudad descubrió una reserva de plata increíblemente valiosa enterrado en Ática.[48]

Democráticamente, por supuesto, los arcontes atenienses se reunieron para discutir qué hacer con toda esa plata. La mayoría de ellos querían dividirlo entre sí, pero Temístocles subió al podio con su idea radical de gastar la plata en una flota trirreme. Era lo mejor que se podía hacer, explicó el general, para que Atenas estuviera protegida de sus enemigos en la cercana ciudad-estado de Egina.[49]

---

[46] Thucydides. *Historia de la guerra del Peloponeso.*.

[47] Jordan, Borimir. "Las tripulaciones de los trirremes atenienses". 2000.

[48] Pritchard, David M. *La democracia ateniense en la guerra.* 2018.

[49] PBS. "483 a.C. - Atenas construye una marina".

Los Eginianos eran personas isleñas con los buques marítimos y marineros más fuertes del mundo, y tenían una larga rivalidad con Atenas continental. Al apelar a esta rivalidad profundamente arraigada, Temístocles logró ganar el voto popular para su proyecto de construcción naval.

No fue demasiado pronto, ya que el rey Jerjes I, el nuevo poder en Persia después de la muerte de su padre, había jurado acabar con Atenas hasta los cimientos.[50] Comenzó a reunir sus fuerzas y las noticias del inminente ataque llegaron a Atenas poco después. En pánico, la gente envió una consulta urgente a los dioses en el Oráculo de Delfos, preguntando qué se podría hacer para proteger la ciudad. El Oráculo respondió con un mensaje alarmante: "¿Por qué te sientas, condenado?" Vuela hasta los confines de la tierra. Todo es ruina para el fuego, y el Dios de la guerra te derribará."[51]

Los atenienses estaban horrorizados, pero Temístocles, que se había estado preparando para otro ataque desde que los persas fueron derrotados una década antes, envió su propia consulta al Oráculo y recibió la siguiente respuesta: "Aunque se tomará todo lo demás, Zeus, que todo lo ve, garantiza que solo la pared de madera no fallará"[52].

El mensaje fue confuso para todos menos para Temístocles. La "pared de madera" no podía ser otra que la flota de trirremes construidos con vigas de madera. Sin saber qué más hacer, los atenienses siguieron la guía de su general y evacuaron la ciudad. Soldados y remeros subieron a los botes mientras sus esposas, madres y niños huyeron a una aldea cercana. La ciudad fue completamente abandonada cuando el ejército de Jerjes entró en marcha y la incendió, tal como lo había prometido el rey persa. Los

---

[50] King, Perry Scott. *Perícles*. 1987.

[51] Place, Robert M. *Astrología y adivinación*. 2009.

[52] Ibid.

templos, los mercados, las casas y los edificios públicos fueron destruidos, pero el ejército ateniense estaba a la espera de forma segura en Salamina. Habrían podido ver el humo saliendo de su ciudad destrozada.[53]

Las otras ciudades-estado griegas habían enviado sus propias flotas más pequeñas a Salamina para reunirse con los atenienses, y bajo las órdenes del general espartano Euribíades, esperaron a que los barcos persas entraran en el estrecho de Salamina. Allí, en un pequeño estrecho del mar, Temístocles y Euribíades esperaban enfrentarse al enemigo en la batalla.[54] Los barcos del enemigo no eran rival para la flota griega de trirremes en tan pequeños puestos de combate. Para atraer a los persas a la trampa, Temístocles envió un mensajero a Jerjes, alegando que estaba desertando a Persia. El mensajero le dijo a Jerjes dónde podía encontrar las naves griegas y atacar mientras no estaban preparados.[55] Jerjes creyó al mensajero y le ordenó a su flota remar a través de la noche, apuntando al extremo sur del estrecho. Allí, encontró una línea ordenada de trirremes atenienses listos.

Los trirremes atacaron, utilizando su forma estrecha y su ligereza para golpear los costados de las naves enemigas. El dramaturgo, Esquilo, luchó junto a sus compañeros atenienses y vivió para escribir el relato épico de su obra, *Los persas*.

> Oímos por todas partes, su voz de júbilo. ¡Adelante, hijos de Grecia! ¡De la esclavitud, salva tu país! ¡Salva a tu esposa; a tus hijos, protege! ¡Este día, la causa común de todos exige tu valor!"

El rey Jerjes vio cómo se desarrollaba la batalla desde su trono de oro en la costa del continente y vio a los griegos destruir 200 de sus

---

[53] Bauer, Susan Wise. *La historia del mundo antiguo*. 2007.

[54] Strauss, Barry. *La batalla de Salamina*.

[55] Ferrill, Arthur. *Los orígenes de la guerra Edición revisada*. 2018.

barcos.[56] Los persas se retiraron después de grandes pérdidas y huyeron a casa para proteger a su rey y recuperarse. Por primera vez en la historia, los atenienses sabían lo que se sentía al ser verdaderamente poderosos. Los sobrevivientes volvieron a su ciudad en ruinas y comenzaron a reconstruir.

---

[56] **"Guerras griegas-persas (490 a.C.- 479 a.C.)."** Gale Enciclopedia de la historia del mundo: War. Encyclopedia.com

Capítulo 6 - La Esclavitud

Para celebrar su increíble victoria sobre lo mejor del Imperio persa, Atenas se declaró un reino completamente democrático y soberano. Por supuesto, esto no fue un movimiento sin precedentes, dado que los gobernantes atenienses ya habían creado un sistema un tanto democrático que había estado en uso durante muchos años. Sin embargo, el objetivo de muchos dentro del gobierno era perfeccionar ese sistema para el mejoramiento de todos los atenienses. En cualquier caso, la ciudad blandió orgullosamente sus ideologías democráticas frente a sus enemigos tiránicos. Y, sin embargo, la esclavitud seguía siendo una pieza fundamental en la máquina ateniense.

Los antiguos griegos practicaban la esclavitud como si fuera una parte natural de la experiencia humana. Incluso Aristóteles, un gran filósofo nacido un siglo después, todavía creía que era necesario que los humanos gobernaran sobre otros humanos para establecer un orden sensato. La definición de un ciudadano ateniense se basaba principalmente en la discriminación de mujeres, inmigrantes y esclavos. Para calificar para la ciudadanía ateniense, uno tenía que ser un hombre de al menos dieciocho años con dos padres nacidos en

Atenas.[57] Tal ciudadanía restrictiva significaba que los esclavos superaban en gran medida a los atenienses votantes.[58] Los esclavos eran en su mayoría extranjeros de otros reinos griegos, que habían sido subyugados bajo los ejércitos conquistadores de Atenas o comprados directamente a los comerciantes locales.[59]

Los esclavos atenienses fueron quizás los más tratados civilmente en todas las Hellas, ya que los forasteros frecuentemente notaron que:

> ... Los atenienses permiten que sus esclavos vivan en un regazo de lujo, y algunos de ellos realmente viven en una vida de verdadera magnificencia, esto también es algo que se les puede ver hacer con una buena razón. Porque donde el poder se basa en la marina, debido a la necesidad de dinero, no hay más remedio que acabar esclavizados por esclavos, de modo que podamos tomar una parte de sus ganancias y dejarlos libres... Esta es la razón por la cual, en materia de libertad de expresión, hemos puesto a los esclavos en igualdad de condiciones con los hombres libres, y [a los antiguos esclavos] con los ciudadanos, ya que la ciudad necesita a los [antiguos esclavos] debido a todas sus actividades especializadas y por la flota.[60]

Los atenienses usaban a sus esclavos para muchos propósitos. Muchas de las esclavas proporcionaron servicios de cocina y limpieza doméstica para sus amos o fueron enviadas a los burdeles estatales para trabajar. Gran cantidad de esclavos cautivos fueron sacados de las tierras conquistadas en masa y se pusieron a trabajar en las canteras de roca y minas de plata.[61] Cientos a la vez, de reinos

---

[57] Phillips, David. *La ley de la antigua Atenas.* 2013.

[58] Sansone, David. *Civilización griega antigua.* 2016.

[59] Wilson, Nigel Guy. *Enciclopedia de la antigua Grecia.* 2006.

[60] Fuller, Roslyn. *Bestias y Dioses: Cómo la democracia cambió su significado y perdió su propósito.* 2015.

[61] Lauffer, S. "Die Bergwerkssklaven von Laureion," *Abhandlungen* no.12. 1956.

vecinos conquistados, fueron llevados a Atenas y se les asignaron deberes civiles. Fueron instruidos para formar una fuerza policial dentro de Atenas, para construir edificios públicos y nuevas casas, o para trabajar las tierras de cultivo.[62]

De hecho, cualquiera que trabajara en el trabajo manual en Atenas era un esclavo o un ciudadano pobre. Los hombres libres con medios para poseer esclavos enviaban a estos a realizar el trabajo necesario del día mientras ellos se dedicaban a la filosofía, el arte, el diseño arquitectónico y, sobre todo, la política. Pericles, un popular estadista de Atenas durante su Edad de Oro, comentó una vez que un hombre que no se molestaba en pensar sobre asuntos del estado estaba más allá de ser apático: era inútil.[63] La práctica del autogobierno era muy importante para los atenienses. Sin embargo, las mujeres, los extranjeros y los esclavos no estaban destinados a formar parte de este sistema.

Los hombres de los medios atenienses disfrutaron de lo último en lujos, ya que tenían el tiempo y los medios necesarios para dedicarse al entretenimiento y la filosofía. Amaban la música, el baile y el arte, y se aseguraron de que sus hijos aprendieran a tocar un instrumento musical. Por lo general, era la lira, un antiguo precursor de la guitarra. Las bailarinas eran en general esclavas, al igual que los músicos e incluso los responsables de juntar las famosas obras de arte en mosaico de Atenas.[64] Los ciudadanos que sintieron una particular pasión por la música o el arte también participaron en las exposiciones. Cuando los hombres no disfrutaban de un espectáculo, a menudo se los encontraba debatiendo sobre política.

Naturalmente, esto dejó la infraestructura de Atenas en manos de sus esclavos importados, y cumplieron, con muy pocas alternativas. Las

---

[62] Miller, Margaret C. *Atenas y Persia en el siglo quinto antes de Cristo.* 2004.

[63] Kagan, Donald. *Pericles de Atenas y el nacimiento de la democracia.* 1998.

[64] Carr, K.E. "Esclavos griegos: ¿Cómo era ser esclavo en la antigua Grecia?". Quatr.us Study Guides, July 12, 2017. Web. March 20, 2019.

esclavas se dedicaron principalmente a tareas domésticas de preparación de alimentos, mantenimiento, limpieza y cuidado de niños, mientras que los hombres fueron enviados a realizar trabajos forzados en los campos, minas y canteras. Sin embargo, no todos los esclavos varones sufrieron en los campos o en las rocas. Dado que la población de esclavos de Atenas incluía a muchos hombres educados que habían sido robados de sus tierras, estos hombres fueron puestos a trabajar como guardias, policías, maestros, médicos, comerciantes y personal auxiliar.[65]

Se consideraba una buena práctica que los propietarios de esclavos mantuvieran separados a sus esclavos masculinos y femeninos y en lugares separados para controlar mejor cualquier fraternización y relaciones sexuales que pudieran conllevar a la procreación.[66] A diferencia de otras sociedades propietarias de esclavos, los atenienses no intentaron criar su propia raza de trabajadores en condiciones de servidumbre; aun así, no era raro que las esclavas dieran a luz mientras estaban al servicio de un ciudadano o una familia. Estos niños se mantuvieron como propiedad de la familia, pero por lo general disfrutaron de mayores libertades que sus padres. A los esclavos nacidos se les confió todo el bienestar de los niños libres del hogar, e incluso sus registros financieros y ahorros.[67] Tener un esclavo como su contable no era algo extraño para un antiguo ateniense.

Los ciudadanos ricos podían acumular un gran número de esclavos personales que utilizaban para proporcionar ingresos adicionales a sus propios hogares. Un griego rico arrendaría a sus esclavos a la ciudad o al ejército y de ese modo obtendría un ingreso cómodo y

---

[65] Medema, Stephen, y Warren J. Samuels. *Historiadores de la economía y del pensamiento económico.* 2001.

[66] Lambert, S. D. (editor.) *Hombre sociable.* 2011.

[67] Carr, K.E. "Esclavos griegos: ¿Cómo era ser esclavo en la antigua Grecia?" Quatr.us Study Guides, Julio 12, 2017. Web. Marzo 20, 2019.

pasivo. En una civilización sin circulación monetaria (al menos hasta el siglo VI a.C.), los esclavos de uno servían como medida de su riqueza. Cuantos más esclavos tuvieran, más trabajo se podía hacer; cuantos más bienes se adquirieran y se vendieran, más renta se podía ganar al arrendarlos. Económicamente hablando, la propiedad de esclavos era más indicativa de la importancia de un hombre y la influencia en una ciudad que el dinero hoy en día. El gobierno ateniense era también un cuerpo de esclavos que generalmente usaba sus posesiones para poblar el ejército.

Sin diferencias distintivas en las características físicas de los esclavos y los ciudadanos, y sin vestimenta específica para separar a los dos, no era fácil saber de inmediato quién era esclavo o no. La mayoría de los esclavos usaban una túnica blanca corta y simple llamada chitón, que también se consideraba vestimenta apropiada para ciudadanos y mujeres por igual. Era mucho más fácil identificar a los miembros de las familias más ricas, ya que sus modas incluían con más frecuencia túnicas y capas de colores brillantes. La tela teñida era más cara que la ropa blanca, por lo que solo la aristocracia la usaba.

Los esclavos atenienses pueden haber estado entre los mejores tratados de la historia, pero todavía estaban bajo el dominio de sus amos y sujetos a palizas. Tal comportamiento no fue considerado civilizado por la mayoría de los ciudadanos, a pesar de que las leyes de la ciudad lo permitían. Hubo varias especificaciones en cuanto a la ley y la violencia contra los esclavos. Si un ciudadano infligía daño al esclavo de otro, el propietario tenía derecho a demandar por daños y perjuicios. A la inversa, un ciudadano podría ser llevado a la corte por golpear demasiado duro a su esclavo; también sería condenado a muerte si la persona a la que había golpeado muriera.[68]

No era imposible para un esclavo ateniense retirar sus cadenas, y algunas familias permitieron a sus esclavos ahorrar dinero para la

---

[68] Carlier, P. *El cuarto siglo griego hasta la muerte de Alejandro.* 1995; Aeschines, "Contra Trimarco".

compra final de su libertad.[69] Sin embargo, era muy raro que a un hombre libre se le concedieran todos los derechos de un ciudadano de Atenas.

---

[69] Winer, Bart. *La vida en el mundo antiguo.* 1961.

Capítulo 7 - La Edad de Oro de Atenas

El hecho de que no te interese la política no significa que la política no tenga interés en ti.

(Pericles)

Atenas disfrutó de lo que se ha llamado su edad de oro después de la expulsión de los persas. Una vez que los soldados, las mujeres y los niños regresaron a sus nuevos hogares de su ciudad arrasada, disfrutaron de un período de crecimiento económico, deportes, artes y democracia continua. La armada de Temístocles seguía siendo la más grande y poderosa del Mediterráneo oriental, y Atenas se había convertido en la influencia reinante entre sus ciudades-estado griegas. Fue el final del período arcaico y el comienzo del período clásico en Grecia.

Dentro de los estados griegos, el comercio floreció entre ciudades de todos los tamaños. El puerto ateniense, en particular, era inundado con todo tipo de bienes, incluyendo pieles de buey, caballa, pescado salado, marfil, alfombras, cojines y, por supuesto, esclavos. Gracias a una variedad tan amplia de alimentos y bienes, la calidad de vida de un ateniense promedio se disparó. Fue un momento maravilloso para vivir en Atenas, ya fuese uno comerciante, maestro, artesano, pescador, soldado o artesano del metal.

Aunque a las mujeres todavía no se les otorgaban los mismos derechos que a los ciudadanos varones de Atenas, la ciudad se enorgullecía de mantener una forma democrática de gobierno. Los ciudadanos votaban regularmente a sus diversos magistrados, funcionarios y líderes de la ciudad. Además de brindar su apoyo a ciudadanos específicos, los votantes tuvieron la oportunidad de condenar a una persona al exilio cada año. Esta elección de referéndum en particular se llevó a cabo haciendo que los ciudadanos escribieran el nombre de una persona elegida en un fragmento de cerámica, y luego lo enviaran a una vasija grande para que se contabilizara. El nombre de la persona que aparecía más veces era expulsado de Atenas.[70] Puede parecer superficial, pero había un propósito ideológico para el destierro anual; si una persona se hubiera convertido en una presencia amenazadora en la ciudad, ya fuera política o socialmente, podría ser eliminada.

Irónicamente, el mismo salvador de Atenas fue atacado por sus conciudadanos y excluido por completo después de que su nombre dominara el exilio en la votación: Temístocles.[71] Los historiadores teorizan que el héroe de guerra fue víctima de una elección fijada, ya que los arqueólogos han recuperado algunos de los fragmentos de la vasija condenatoria que llevan su nombre acumulados.[72] ¿Estaban preparados con anticipación para rellenar las vasijas de conteo? ¿O fueron meramente recolectados por un entusiasta rival de Temístocles como un recuerdo de su exilio? Es difícil saber exactamente qué sucedió durante la votación de 472/471 a.C., pero el resultado fue el mismo: Temístocles fue desterrado. Se retiró a

---

[70] Sacks, David, y Oswyn Murray. *Un diccionario del mundo griego antiguo.* 1995.

[71] Thucydides. *El punto de referencia.*

[72] Forsdyke, Sara. *Exilio, ostracismo y democracia.* 2009.

Argos y finalmente se fue a vivir a Persia, muriendo en el reino del imperio al que una vez se había opuesto con tanto entusiasmo.

En el vacío político dejado por la ausencia de Temístocles, los atenienses se volvieron hacia una nueva cara: Pericles. Nacido en una de las familias más aristocráticas de Atenas, su perspectiva de la ciudad fue mucho más allá del gobierno interno y la adecuación militar. Pericles vio que la creciente ciudad era capaz de mucho más que simplemente defenderse de los imperios. La misma Atenas podría convertirse en un poderoso imperio si la persona adecuada estuviera al mando. Pericles se consideraba el hombre adecuado para llevar a Atenas a la grandeza.

Comenzó por ver que los edificios antiguos, quemados y en ruinas de Atenas, fueron reconstruidos aún más grandiosamente que antes de que Jerjes hubiera saqueado la ciudad. El crisol de su plan de reedificación fue la reconstrucción de la gran acrópolis de Atenas, un área central de belleza, adoración del panteón y servicio público. Lo reconstruiría como un testimonio de la longevidad, la cultura y la grandeza de Atenas. Los edificios más importantes de la antigua Acrópolis, incluyendo el Partenón y el Templo de Atenea Nike, fueron reconstruidos incluso más grandes que antes y en mármol puro. Fue la gloria suprema de Atenas, encaramado en una cima plana en el centro de la ciudad.[73]

El Partenón terminado, un templo dedicado a Atenea, fue el edificio más impresionante de toda Grecia. En el interior, una estatua gigante de la diosa de la sabiduría y la guerra se alzaba sobre todos los que entraron. Se completó en solo quince años, un verdadero testimonio de la asombrosa habilidad y fortaleza de los artesanos atenienses involucrados en el proyecto.[74] El propio Pericles recibió todos los elogios de la nueva Acrópolis y, como líder de la ciudad, se mostró satisfecho con la aclamación. Organizó lujosas cenas para las

---

[73] PBS. "447 a.C. - La Acrópolis reconstruida". Web.

[74] PBS. "Los edificios de la Acrópolis". Web.

personalidades más queridas de la ciudad, desde matemáticos y astrónomos hasta poetas e historiadores. El poder de su posición afectó su vida personal y lo vio divorciarse de su primera esposa para convivir con una prostituta cuyo nombre era Aspasia.[75]

La prostitución no se consideraba de la misma manera en la antigua Atenas como en la mayoría de las sociedades actuales. Aspasia se consideraba una compañera de profesión y continuó haciéndolo incluso después de mudarse a la casa de su patrón. Los atenienses llamaban a las mujeres como a su hetera, y los hombres contrataban sus servicios como acompañantes y prostitutas.[76] A diferencia de las esposas de la mayoría de los hombres, las heteras como Aspasia eran miembros bien educados, independientes y que pagaban impuestos de las ciudades en las que vivían. Mujeres como Aspasia fueron algunas de las únicas mujeres en el reino griego que disfrutaron de una cantidad razonable de elección personal en el curso de sus vidas. La propia Aspasia incluso se ganó el respeto de muchos de los hombres más ricos e intelectuales de Atenas, incluido su marido. Cuando Pericles y su esposa recibían invitados en su casa, no se esperaba que Aspasia hiciera una salida elegante y tranquila cuando los hombres comenzaban a hablar de filosofía y política.

Pericles, Aspasia y sus amigos eran partidarios entusiastas de una forma creciente de entretenimiento en aquellos días: el teatro. Dos veces al año, asistieron a lo que podría ser el primer teatro público del mundo, en Atenas. Asentados en sólidas sillas de mármol talladas y pulidas para asemejarse a exuberantes textiles, Pericles y Aspasia observaron las comedias de Aristófanes, las representaciones históricas de Esquilo y las tragedias de Sófocles y Eurípides. Las interpretaciones trágicas eran las favoritas de todos los atenienses, que lloraban abiertamente en sus asientos. Sin embargo, los griegos no eran una audiencia particularmente

---

[75] Ostwald, M. *Atenas como centro cultural.* 1992.

[76] **"Aspasia: Concubina influyente para Pericles.."** *Enciclopedia de Historia Antigua. Última modificación el 18 de enero de 2012.*

respetuosa, y si no les gustaban ciertos actores o personajes, abuchearían y silbarían hasta que este abandonara la presentación por completo.[77]

Las obras populares de estos dramaturgos asombraron y entretuvieron al público, jugando con la tendencia natural de la gente a apreciar la tristeza, la tragedia, la empatía y la malicia. Adoraban historias impactantes como la del rey Edipo, quien se sacó los ojos después de descubrir que su nueva esposa era, en verdad, su madre perdida. O el rey Agamenón, quien regresó a su casa después de la Guerra de Troya de diez años solo para ser asesinado por el amante de su esposa.

La Atenas de Pericles se caracterizó por el teatro, los grandes pensadores, la belleza y las obras arquitectónicas y matemáticas que rara vez se igualaban en otras ciudades e imperios del mundo antiguo. No a diferencia de la Acrópolis que brillaba sobre el pedestal de Atenas, también la Edad de Oro de Atenas se sentó en el pedestal metafórico de toda Grecia. Por desgracia, no podría durar.

---

[77] Kennedy, Dennis. *El Oxford Companion al teatro y la actuación.* 2010.

Capítulo 8 – Pericles en Guerra

La marina de Temístocles era la envidia de toda Grecia, y su establecimiento provocó inversiones similares en la construcción de trirremes en todo el Mediterráneo. Los líderes más poderosos de las ciudades-estado y los reinos a lo largo del mar conducían a sus tripulaciones de un lado a otro sobre el agua, asaltando una ciudad y negociando pacíficamente con la siguiente, hasta que las aguas del Mediterráneo se llenaron de galeras grandes, soldados, comerciantes y viajeros intrépidos en busca de conocimiento y aventura. La vida se aceleró y se multiplicó rápidamente en este pequeño rincón del universo hasta que las comunidades urbanas se convirtieron en las potencias del paisaje.

Era como lo había sido siglos antes en Jonia y en las pequeñas y pacíficas ciudades de Grecia y Anatolia: la cantidad de familias adineradas creció, de modo que una gran cantidad de ciudadanos podían ahora pasar su tiempo pensando y contemplando cuál sería su lugar en el panorama más amplio de la existencia. Así, la iluminación espiritual y la búsqueda intelectual del conocimiento llegaron a definir una civilización completa. Pericles vio todo esto sucediendo en su hogar ateniense, y lo inspiró a convertir Atenas en la próxima Babilonia.

Temístocles y Pericles habían transformado la una vez humilde ciudad democrática en un centro hermoso y bien fortificado de destreza militar, intelecto, comercio y lujo. Aun así, no fue suficiente para Pericles. No deseaba nada menos que un imperio ateniense, y una vez que sintió que la estructura interna de la ciudad era la envidia de toda Grecia, Pericles supo que era hora de actuar. También sabía exactamente cómo se ganan los imperios, a través de guerra despiadada. Habiendo ayudado a sus compatriotas a construir la cultura más envidiable del mundo griego del siglo V a.C., ahora los persuadió de luchar por los ideales de Atenas en los campos de batalla de naciones extranjeras.

Primero, Pericles tenía que lidiar con el adversario más cercano de Atenas: Esparta. Las tensiones habían aumentado entre los dos reinos desde que se habían unido como aliados dentro de la Liga Helénica. A pesar de lo fuerte que se había convertido Atenas, sus líderes electos sabían que no debían pensar que su ciudad era infalible. Formaron la Liga Helénica para consolidar la cultura y la soberanía de 300 ciudades griegas, incluidas Atenas y Esparta.[78] Esta alianza griega significaba una armada más grande, más recursos militares y, sobre todo, el fin de las luchas internas entre las ciudades del reino. Ahora, su enfoque estaba dirigido hacia el exterior, hacia los enemigos más grandes del mundo.

No era una solución perfecta. Los espartanos estaban celosos del monopolio ateniense sobre la Liga, mientras que los atenienses se sentían superiores al poder militar en el sur. No fue difícil incitar a ambos lados a la guerra, especialmente porque la cultura griega era por naturaleza una que glorificaba a los guerreros sobre todos los demás.

El rey espartano Arquidamo II dio el primer paso al invadir Ática en el 431 a.C.[79] Pericles tomó medidas, convenciendo a todos los

---

[78] Gray, Colin S. y Roger W. Barnett. *Poderes del Mediterraneo y estrategia.* 1989.

[79] Balot, Ryan K; Forsdyke, Sara; y Edith Foster editores. *El manual de Oxford de Tucídides.* 2017.

atenienses a retirarse detrás de los muros de piedra fortificados de la ciudad, que se extendían hasta el puerto de El Pireo.[80] A pesar de estar aislado de la tierra de recursos externos, Pericles decidió mantener el puerto abierto a los proveedores mercantes gracias a las amplias fortificaciones alrededor de todo el puerto, incluyendo torres de arqueros. A pesar de que las paredes pueden ser asediadas, Pericles confiaba en que el puerto no fallaría. La ciudad se preparó para permanecer en confinamiento por hasta tres años, esperando que las fuerzas de Esparta se agotaran o admitieran la derrota antes de que pasara más tiempo. Mientras la población de Ática retrocedió detrás de las murallas de la ciudad y esperaba que se cumpliera la predicción de su líder, Pericles envió a la marina a atacar la costa espartana conocida como la costa del Peloponeso. Esta campaña militar entre Atenas y Esparta llegó a ser conocida como la guerra del Peloponeso.

Mientras los grandes ciudadanos de la hermosa ciudad se refugiaron uno junto al otro, haciendo todo lo posible para pasar el tiempo de una manera entretenida, aunque no particularmente productiva. Pericles organizó lujosas cenas con todos los intelectuales del momento. El renombrado filósofo y bicho raro Sócrates divertía a su anfitrión y amigos en tales fiestas al pronunciar discursos elocuentes a favor de su propia belleza sobre la de los demás.[81] En realidad, Sócrates sabía muy bien que su rostro era todo menos agradable, pero no le importaba burlarse de sí mismo en beneficio de una risa o un buen debate. Siempre se esforzó por enseñarles a aquellos que le rodeaban a aprender haciendo preguntas y siguiendo su propio buen juicio.

---

[80] Conwell, David. *Conectando una ciudad al mar.* 2008.

[81] Lawrence, Joseph P. *Sócrates* Entre Extraños. 2015. Nota: Pericles y Sócrates eran contemporáneos que casi con seguridad cenaban entre sí varias veces, pero el recuerdo de Platón de su diálogo sobre la belleza no tuvo lugar necesariamente en la mesa de Pericles.

"Les digo que no paséis un día sin discutir todas las cosas de las que me escucháis hablar. Una vida sin este tipo de análisis no merece ser vivida", les decía a sus amigos y estudiantes.[82]

Fuera de las murallas de la ciudad, los guerreros espartanos ocuparon las tierras agrícolas de los atenienses, quemando y cortando sus cultivos, enredaderas y huertos.[83] Después de un año en la ciudad cerrada, el puerto que era el salvavidas de Atenas demostró ser tan peligroso como los espartanos de fuera. Fue en el año 430 a.C. cuando la plaga acompañó los bienes que pasaban por Pireo, infectando a los que estaban dentro de los muros fortificados.[84] Fue un ataque irónico de un enemigo contra el que no se habían tomado, o podrían haberse tomado, medidas defensivas. Era el peor momento posible para tal enfermedad, ya que los atenienses estaban apilados detrás de las murallas de la ciudad y amontonados uno contra el otro. Las condiciones en la ciudad eran propicias para acelerar la propagación desastrosa de la enfermedad que afectó rápidamente a sus víctimas.

Las víctimas se vieron afectadas por lo que el historiador Tucídides denominó "inflamación violenta" de la cabeza y los ojos. Luego, la enfermedad se trasladaba al intestino, causando "ulceración y diarrea incontrolable". Las personas sufrían y morían a montones, y las aves y los animales callejeros que se atrevían a comer la carne de los cadáveres sufrían la misma suerte. Fue catastrófico, con cadáveres apilados en las apestosas calles y nada más que productos importados y potencialmente infectados llegaban a través del puerto. Lo que no sabían los atenienses era que la plaga había comenzado en el norte de África y seguía las rutas comerciales populares hasta el Pireo, donde pasó tres largos años agonizando a los ciudadanos de

---

[82] Plato. *Apología*.

[83] Hanson, Victor Davis. *Una guerra como ninguna otra*. 2011.

[84] Thucydides. *El punto de referencia*.

Atenas. Al menos una cuarta parte de la población de la ciudad murió en dolor extremo, y Pericles no se salvó.[85]

Plutarco, el biógrafo de Pericles, describió cómo la plaga afectó al querido líder de la ciudad:

"La plaga se apoderó de Pericles no con ataques bruscos y violentos, sino con una afectación sorda y prolongada ... debilitando la fuerza de su cuerpo y socavando su alma noble".[86]

Todo tipo de medicamentos conocidos y curas milagrosas se administraron al hombre doliente, pero después de seis meses de enfermedad, él también sucumbió a la enfermedad, muriendo en 429 a.C.

Tras la muerte del gran estadista, la ciudad cayó en caos político y varios políticos luchaban por el voto ciudadano. Sin un liderazgo claro y la muchedumbre que amenazaba con invadir la ciudad, los soldados atenienses se vieron obligados a cumplir los caprichos de un grupo de líderes desprevenidos que rápidamente abandonaron las estrategias de guerra de Pericles. El mismo Pericles había muerto rodeado de amigos que elogiaban sus muchos logros; su guerra, sin embargo, se había perdido. Atenas se rindió en 404 a.C., y se convirtió en un súbdito de la nueva potencia de Grecia, Esparta.[87]

---

[85] Littman, R.J. "La plaga de Atenas: epidemiología y paleopatología". 2009.

[86] Plutarch. *Vida de Pericles*.

[87] Del Re, Gerard and Patricia Del Re. *La última batalla de la historia*. 1993.

Capítulo 9 – El Método Socrático

La única verdadera sabiduría es saber que no sabes nada.

(Sócrates)

En lo que respecta a los filósofos e intelectuales de la antigüedad clásica, el pilar de su propia civilización iluminada fue el gran pensador Sócrates, el feo héroe de guerra cuyas ideas sobre la reforma social transformaron para siempre la cultura occidental. Era un héroe improbable, un hombre humilde que no llevaba zapatos y que rara vez asistía a la Asamblea ateniense para participar en política. Sorprendentemente, el hombre nunca anotó ninguna de sus propias filosofías y teorías, por lo que nuestro único vínculo con Sócrates mismo es a través de los escritos de otros hombres a los que influyó. Los principales entre ellos son Platón y Jenofonte, sus alumnos.

Nacido alrededor de 470 a.C. en Atenas, Sócrates fue una parte importante de la Edad de Oro de la ciudad.[88] Su teoría más influyente se refería a la sabiduría y la filosofía en sí. Creía que el verdadero conocimiento solo viene de dentro; tratar de transmitir la sabiduría de persona a persona, dijo, era adoctrinamiento, no

---

[88] Lim, Jun. *Sócrates: La conciencia pública de la edad de oro de Atenas.* 2006.

inteligencia real. Probablemente fue por esta razón que no se convirtió en autor, ya que no quería simplemente pasar su propia cosmovisión a la siguiente generación. En cambio, Sócrates quería que la gente de Atenas llegase a sus propias conclusiones acerca de la realidad. Solo eso, argumentó, era la verdad real y conocimiento.

Era extraño que un maestro no proporcionara a sus alumnos un conjunto de hechos o respuestas correctas, pero al alentar a sus alumnos a encontrar su propio camino hacia las respuestas que buscaban, Sócrates sentó las bases de la filosofía occidental. Incluso hoy en día, las escuelas filosóficas se definen como instituciones que enseñan a los estudiantes a pensar. El método socrático es el increíble y duradero legado de un hombre cuyas propias palabras no podemos conocer.

En la época de Sócrates, la educación ateniense atendía solo a varones jóvenes desde aproximadamente los siete años y se centraba en temas físicos y literarios.[89] Los niños pasaban gran parte de su tiempo en un gimnasio aprendiendo a jugar y luchar. El propósito de su esfuerzo físico era doble: los griegos valoraban la belleza de los jóvenes fuertes con extremidades delgadas, pero también necesitaban a tales hombres para poblar el ejército que estaba constantemente ocupado en la defensa doméstica. Cuando los niños no estaban participando en la educación física, aprendían a leer y escribir usando el alfabeto griego. Practicaban escribir en tabletas recubiertas con cera, en las que grababan sus letras con un lápiz y memorizaban la literatura escrita por Homero y otros poetas más contemporáneos.[90]

Las niñas eran educadas por sus madres o mujeres familiares en el hogar. Aprendían a cuidar la casa y los niños, pero solo aprendían a

---

[89] Beaumont, Leslie. *Infancia en la antigua Atenas.* 2013.

[90] Sacks, David; Murray, Oswyn; y Lisa R. Brody. *Enciclopedia del mundo griego antiguo.* 2014.

leer o escribir si sus padres empleaban un tutor privado.[91] Esto no cambió mucho en los siguientes siglos, pero la educación de los niños cambió drásticamente en el siglo V a.C., gracias a la influencia de Sócrates y sus propios estudiantes. Nació la educación superior, atendiendo al joven estudiante adulto que ya había dominado sus letras, lecciones de música y memorizaciones de poesía. Hubo un cambio fundamental en la cultura ateniense, donde las generaciones más jóvenes comenzaron a respetar la inteligencia y la educación sobre la fuerza física. Los propios alumnos de Sócrates habrían aprendido lógica y retórica de sus lecciones mientras se les enseñaba aritmética y armonía musical de otros tutores.

Platón es nuestra principal fuente del pensamiento y método socrático, gracias a sus extensos trabajos sobre el tema del pensamiento y el conocimiento. Platón exhibió a su maestro en al menos cuatro libros que se escribieron después de la muerte de Sócrates: *Simposio, Apología, Crito y Faedo*. En estas obras, Sócrates se niega a aceptar dinero a cambio de sus lecciones; no quería ser considerado un maestro. De hecho, se enorgullecía de la pobreza de su estación, creyendo que desmentía la verdadera sabiduría y la moral. Como líder intelectual y maestro de los hijos de familias nobles, Sócrates fue una figura controvertida entre sus contemporáneos. Por cada persona en Grecia que lo consideraba sabio, había otro que lo consideraba blasfemo y culpable de contaminar las mentes de los jóvenes.

De hecho, Sócrates fue llevado a juicio por su supuesta falta de respeto a los dioses y su corrupción de los jóvenes atenienses en 399 a.C.[92] Sus alumnos se horrorizaron con el giro de los acontecimientos. En *Memorabilia*, Jenofonte escribió:

A menudo me he preguntado por qué argumentos los acusadores de Sócrates convencieron a los atenienses de que merecía la muerte del

---

[91] Laurin, Joseph R. *La vida de las mujeres en la antigua Atenas.* 2013.

[92] Cartledge, Paul. *El pensamiento político griego antiguo en la práctica.* 2009.

estado; porque la imputación contra él fue a este efecto: Sócrates se opone a las leyes al no respetar a los dioses que respeta la ciudad e introducir otras nuevas deidades; también ofende contra las leyes al corromper a los jóvenes.

> En primer lugar, que no respetó a los dioses a quienes la ciudad respeta, ¿qué prueba aportaron? Porque se lo veía con frecuencia sacrificándose en casa, y con frecuencia en los altares públicos de la ciudad; ni se desconocía que usara la adivinación; ya que era un tema común de conversación que "Sócrates solía decir que la divinidad lo instruyó"; y fue precisamente por esta circunstancia que parecen haber derivado principalmente el cargo de introducir nuevas deidades.

A pesar del apoyo de muchos atenienses, Sócrates fue declarado culpable de estos crímenes y condenado a muerte por medio de una bebida de hemlock venenosa. Según Platón y Jenofonte, Sócrates tomó la bebida sin molestias y se cubrió la cara mientras esperaba la muerte. Sus últimas palabras fueron casi seguramente dichas en ironía: "Crito, tenemos una deuda con Asclepio. Págalo y no lo descuides".[93]

Los estudiantes de Sócrates aseguraron que su legado viviera; Platón documentó cuidadosamente los diálogos e historias más inspiradores de su maestro y, a su vez, educó a la próxima generación de estudiantes atenienses utilizando el método socrático. Su escuela, la Academia, fue fundada alrededor del 387 a.C.[94]

---

[93] Jenofonte. *Los recuerdos de Jenofonte*. Nota: Estas palabras hicieron mención del dios de la medicina, quien en teoría habría sido responsable de ayudar a preparar la bebida de hemlock. Dado que Sócrates había sido declarado culpable de blasfemia contra los dioses, probablemente lo dijo con ironía.

[94] Kramer, Hans Joachim. *Platón y los fundamentos de la metafísica*. 1990.

Capítulo 10 - Platón

En la política suponemos que todos los que saben cómo obtener votos saben cómo administrar una ciudad o un estado. Cuando estamos enfermos... no pedimos el médico más guapo o el más elocuente.

(Platón)

Platón nació alrededor de 428 a.C. en Atenas.[95] A los pies de Sócrates, estudió filosofía, matemáticas y ciencias. Muy inspirado por el trabajo de su maestro y de Pitágoras, Platón se esforzó al máximo para obtener una copia del trabajo de Pitágoras para que pudiera estudiar de primera mano las matemáticas e ideologías personales del gran filósofo y utilizarlas como base para su propio trabajo.[96] Fue inspirado a realizarlo después de conocer a un grupo de personas que emulaban el estilo de vida de Pitágoras, desde su dieta hasta su hogar comunal. Para Platón, Pitágoras era tan importante para la humanidad como lo fue el Titán Prometeo cuando le trajo a los humanos el regalo del fuego.

---

[95] Brown, Calvin. *Obras maestras de la literatura mundial.* 1970.

[96] Bernard, Raymond W. *Pitágoras, el sabio inmortal.* 1958.

La obra literaria más conocida de Platón, *La República*, describe una comunidad igualitaria muy parecida a la defendida por Pitágoras tan solo un siglo antes. Esta no fue la única extensión por parte de Platón del trabajo de Pitágoras; también tomó los estudios de las estrellas y la teoría de una Tierra redonda de su predecesor y la perfeccionó, afirmando que la Tierra giraba sobre un eje en el centro del universo.[97]

En cuanto a esfuerzos filosóficos, Platón se concentró en el tema del amor. No era una búsqueda filosófica poco común en la Grecia clásica, pero las reflexiones de Platón sobre el tema han llegado a definir los muchos tipos de emociones amorosas que los humanos están naturalmente inclinados a experimentar durante sus vidas. Casi todo su libro *Symposium* está compuesto por un conjunto de monólogos sobre el amor. Incluyó a Sócrates como el personaje principal, brindando a los lectores un valioso vistazo a la vida y los hábitos de uno de los primeros filósofos de la civilización occidental. Esta fue una característica común en la literatura de Platón, los numerosos diálogos entre Sócrates y otros ciudadanos importantes de Atenas. El término "amor platónico" se ha usado para describir los tipos de amor no sexual que Platón analiza en sus libros.

En honor a Sócrates, Platón fundó el primer instituto de educación superior en Atenas, llamado Academia, y enseñó a sus estudiantes a emplear el método socrático de exploración y experimentación. Él lo tomó muy en serio; por encima de la puerta de la Academia estaban las palabras griegas: "Que nadie entre aquí que ignore la geometría".[98] Platón quería que sus alumnos vinieran preparados con una educación básica sobre la cual pudieran desarrollar materias más avanzadas. Animaba a los estudiantes a hacer preguntas sobre sus lecciones y luego formular hipótesis basadas en la información que reunían. Someterían a prueba sus teorías y avanzarían basándose en

---

[97] Platón. *Timaeus*. Nota: las teorías astronómicas de Platón se han interpretado de varias maneras, una de las cuales se utiliza aquí.

[98] Rosen, Stanley. *El manual del filósofo*. 2009.

resultados positivos o comenzarían de nuevo si se negaba su hipótesis. Otro de los métodos filosóficos de Platón fue el de la discusión dialéctica, en la que se utilizan varios puntos de vista opuestos en una discusión para establecer una verdad universal entre ellos.[99]

La teoría de las formas es un excelente ejemplo de cómo los modelos filosóficos de pensamiento de Platón revolucionaron los patrones de pensamiento tradicionales. Él postuló que podríamos pensar en cada objeto o idea en dos formas: el fenómeno y el ideal. Esto se demuestra en su "Alegoría de la cueva", un modelo descrito por Sócrates en *República* de Platón. En la Alegoría, varios prisioneros se sientan encadenados, frente a la parte posterior de una gran cueva. Detrás de ellos hay un camino que conduce hacia la salida, y más allá de eso hay un gran incendio. Dado que los prisioneros solo pueden enfrentarse en una dirección, ven las formas incorrectas de la realidad en las sombras negras que se encuentran ante ellos. Cualquier forma verdadera que pase entre los prisioneros y el fuego se interpreta erróneamente en esas sombras debido a que es lo único que pueden percibir.

El filósofo, explicó Sócrates a través de Platón, es uno de los que se ha liberado de su lugar en esa cueva. Ahora puede darse la vuelta y descubrir la luz del fuego, seguramente como metáfora de la verdad universal.

---

[99] Gonzales, Francisco J. *Dialéctica y diálogo.* 1998.

Capítulo 11 - Alejandro Magno

Imité a Heracles y emulé a Perseo, y seguí los pasos de Dionisio, el divino autor y progenitor de mi familia, y deseo que los helenos victoriosos vuelvan a bailar en la India y revivan la memoria de las fiestas báquicas entre las tribus salvajes de las montañas más allá de los Cáucasos...

Alejandro Magno, como se cita en *Sobre la fortuna o la virtud de Alejandro*, de Plutarco.

Sócrates y sus estudiantes eran productos de su entorno, ya que tenían tiempo y el lujo de considerar su lugar en el mundo en su conjunto y en el universo en general. En el libro *Magna Moralia*, que se atribuye al alumno de Platón, Aristóteles, les explica a sus lectores que fue debido a Sócrates que los atenienses modernos valoran el conocimiento sobre la destreza física. Tan comprometido con difundir la filosofía y el conocimiento socráticos como lo había sido Platón, Aristóteles fundó su propia escuela en Atenas llamada Liceo.[100] A instancias del rey Felipe II de Macedonia, se convirtió en tutor del hijo del rey, el príncipe Alejandro, de 13 años.[101]

---

[100] Lynch, John Patrick. *La escuela de Aristóteles*. 1972.

[101] Chandler, Joyce Helen. *Alejandro el hombre: el rey Alejandro*. 2006.

Alejandro heredó el reino de Macedonia a la edad de veinte años cuando su padre fue asesinado en el 336 a.C.[102] Aunque era un joven gobernante, Alejandro era más que capaz de actuar como rey. Estaba bien entrenado en las artes de la equitación y la guerra, pero también estaba bien educado bajo la tutela de su estimado maestro, Aristóteles.

El reino de Alejandro era todo lo que Pericles había esperado que Atenas pudiera ser. Aunque la mayoría de los negocios de Macedonia se llevaban a cabo en la ciudad capital de Pella, estaba conformada por varias otras ciudades, pueblos y granjas, como lo era Atenas. Felipe II había invadido las ciudades estado griegas al sur solo unos años antes, uniendo a casi todos los territorios bajo el control de Macedonia y dándose a sí mismo y a su hijo acceso a los formidables ejércitos que formaban parte de la Liga Helénica.[103] La Liga Helénica fue una unificación de los reinos griegos que representaba el continente de Grecia y Grecia Egeo bajo el liderazgo del Reino de Macedonia, incluida Atenas, pero excluyendo a Esparta. Alejandro tenía en mente un vasto imperio, al igual que Pericles, y con la fundación del poderoso reino macedonio que su padre había construido, el joven rey veía su sueño bastante alcanzable. Partió inmediatamente después de su sucesión con una fuerza de 40.000 soldados a Tracia y luego a Tebas para someter los levantamientos que habían surgido en contra de su gobierno.[104]

El nuevo rey dudaba en marchar hacia Persia sin primero asegurar sus propias fronteras en casa. Su ejército dominó a los tracios e ilirios al norte de Macedonia, asegurando que no hubiese rivalidad allí en un futuro cercano. Justo después marchó directamente a Tebas, que se había revelado junto con Atenas. Alejandro y sus tropas casi destruyeron Tebas, lo que hizo que Atenas abandonara

---

[102] Ibid.

[103] Gabriel, Richard A. *Felipe II de Macedonia: más grande que Alejandro.* 2010.

[104] Wenkart, Michael. *Las 50 personas más influyentes de la historia.* 2014.

cautelosamente sus propios planes revolucionarios. Satisfecho de que el frente interno estaba seguro, Alejandro marchó hacia el este y dejó a su General Antípater como regente de Macedonia y comandante de la Liga de Corinto (otro nombre para la Liga Helénica).[105]

Además de sus 40.000 soldados, Alejandro tomó 120 barcos de guerra de Creta con la misma cantidad de soldados atravesando el Mar Egeo hasta Persia.[106] Su primer enfrentamiento con las fuerzas persas fue exitoso, continuó al sudoeste a lo largo de la costa del mar Egeo, liberando la ciudades griegas que habían sido controladas por los persas desde los días del rey Jerjes y les otorgo el derecho a practicar la democracia bajo su liderazgo.[107, 108] Su siguiente parada fue en la ciudad persa de Gordio, donde se quiso insertar en la leyenda local.

Siglos antes, Gordio había sido la capital del Reino de Frigia. La leyenda dice que los frigios, posiblemente descendientes de los tracios nómadas, se habían quedado sin liderazgo y no podían decidir quién debería ser coronado rey. En verdadera moda griega, consultaron a un oráculo que les dijo que el próximo hombre que entrara a la ciudad en una carreta de buey sería su rey. Siguieron este consejo y así nombraron a Gordias como su rey. Su carreta de buey estaba atada a un palo usando una multitud excesiva de nudos complejos, y permaneció allí hasta que Alejandro de Macedonia se topó con ella.[109]

---

[105] Brice, Lee L. *Guerra griega.* 2012.

[106] Trawinski, Allan. *El Choque de las Civilizaciones.* 2017.

[107] Cartwright, Mark. "Lydia". *Enciclopedia de Historia Antigua.* Enciclopedia de Historia Antigua, 03 Apr 2016. Web. 21 Mar 2019.

[108] Nawotka, Krzysztof. (2003). "La libertad de las ciudades griegas en Asia Menor en la época de Alejandro Magno". 85. 15-41.

[109] Ibid.

El oráculo había dicho que cualquier hombre que pudiera deshacer el nudo estaba destinado a gobernar toda Asia. Alejandro decidió que ese hombre sería él mismo. Intento jalar varias secciones del antiguo nudo, pero vio que era inútil y en cambio blandió su espada. Cortando el legendario Nudo de Gordio, el joven emperador proclamó que no importaba como lo había solucionado mientras el problema quedaba resuelto.[110]

En 333 a.C., el ejército griego se enfrentó a Darío III, nombrado en honor del padre del rey Jerjes, el hombre cuyas fuerzas fueron derrotadas por Temístocles y los atenienses en el mar.[111] Después de prolongados combates entre los dos reyes, Darío huyó y dejó a su propio ejército en desorden, junto con su esposa y su madre.[112] Alejandro fue victorioso una vez más. Después de dividir las tierras conquistadas, el joven guerrero se dirigió a Egipto a través de una muy renuente Gaza.

Sorprendentemente, los egipcios recibieron a Alejandro y su ejército conquistador con los brazos abiertos, y los sacerdotes de Memfis lo ungieron felizmente como su rey elegido.[113] Aunque se le había nombrado Rey de Asia por haber vencido el Nudo de Gordio, fue la anexión política de Egipto bajo el gobierno griego lo que pareció darle el mayor orgullo. Pasó seis meses en la nueva provincia macedonia, sentando las bases de su nueva ciudad de Alejandría y reuniéndose con diplomáticos y gobernadores locales.[114] Durante su estancia en Egipto, Alejandro organizó un festival cultural y deportivo cuyas hazañas y exhibiciones celebraban las civilizaciones

---

[110] Nota: Según Plutarco, el cuento popular de Alejandro que corta a través del nudo con su espada es incorrecto. Plutarco insistió en que el rey separó el nudo de sus ataduras tirando de un alfiler.

[111] Green, Peter. *Alejandro de Macedonia: 356-323 a. C.* 1991.

[112] Ibid.

[113] Ibid.

[114] Skelton, Debra, y Pamela Dell. *Imperio de Alejandro Magno.* 2009.

griegas y egipcias. La visión de Alejandro para Egipto era de una sociedad moderna, una mezcla de griegos y egipcios que valoraban la educación superior, la belleza arquitectónica y claro, el poder militar.

Finalmente se vieron obligados a salir de Egipto y, de camino a casa, conquistaron a Babilonia y hasta grandes partes del Valle Indo en la India.[115] Se trajo varios miles de elefantes para aterrorizar el Medio y Lejano Oriente. Desafortunadamente, para ese momento, su ejército había tenido suficiente. Desconfiaban de las fuerzas masivas del Imperio nanda que los esperaba en las partes del sur de la India y estaban ansiosos por regresar a sus hogares y disfrutar de los frutos de su labor de 12 años.[116] Ante la posibilidad de un motín, Alejandro accedió a regresar a Grecia por fin. Por desgracia, no llegó tan lejos.

En junio del 323 a.C., Alejandro de Macedonia murió a causa de una enfermedad repentina. Varios relatos de su muerte perduran, en muchos de ellos el rey fue envenenado de la misma manera que su buen amigo Hefestión, quien había muerto poco antes.[117] Alejandro murió en Babilonia, pero su cuerpo momificado fue sellado en un sarcófago dorado y enviado a Macedonia.[118] En el camino, el sarcófago fue interceptado por Ptolomeo I Soter quien lo trajo a Memfis; Ptolomeo II Filadelfo luego lo llevó a Alejandría, donde permaneció en exhibición pública durante toda la antigüedad clásica.[119]

---

[115] Ibid.

[116] Muehlbauer, Matthew S. y David J. Ulbrich (editores.) *La historia de Routledge de la guerra global y la sociedad.* 2018.

[117] Heckel, Waldemar y Lawrence A. Tritle (editores.) *Alejandro Magno: una nueva historia.* 2011,

[118] Robert S. Bianchi. *"Cazando la tumba de Alejandro".* Archaeology.org. 2004.

[119] Ibid.

En el siglo IV a.C., ya no se conocía la ubicación de la tumba. Las búsquedas exhaustivas de los restos de Alejandro se han llevado a cabo infructuosamente desde entonces.[120]

---

[120] Ibid.

Capítulo 12 – El Periodo Helenístico

Los educados difieren de los no educados tanto como los vivos difieren de los muertos.

(Aristóteles)[121]

Los años posteriores a la muerte de Alejandro Magno fueron políticamente caóticos, pero también bastante decadentes para los ciudadanos de Grecia. Aunque algunas partes de los territorios anexados por Alejandro volvieron a gobernarse independientemente, el imperio seguía siendo masivo.[122] Fue dividido en cuatro reinos, cada uno regido por uno de los generales militares de Alejandro. Egipto, Chipre y parte del Medio Oriente fueron a Ptolomeo I; Seleuco I Nicátor gobernó Babilonia, Persia y los intereses de Alejandro en la India; Lisímaco tomó Tracia y la sección occidental de Asia; y Casandro tomó Macedonia y Grecia.[123,124]

---

[121] Citado por Diógenes en refranes y anécdotas: con otros moralistas populares.

[122] Green, P. *Alejandro Magno y la era helenística.* 2007.

[123] Mark, Joshua J. "El mundo helenístico: el mundo de Alejandro Magno". *Enciclopedia de Historia Antigua.* Enciclopedia de Historia Antigua, 01 Nov 2018. Web. 21 Mar 2019.

Sin embargo, el anterior emperador macedonio no murió sin hijos. Su esposa, la princesa bactriana Roxana, estaba embarazada al momento de la muerte de Alejandro, y como tal, aún no podía reclamar los territorios de su padre. Nacido en agosto de 323 en el a.C., Alejandro IV fue proclamado el verdadero líder del imperio intacto, y Antípater, el padre de Casandro, se hizo llamar regente. Cuando Antípater murió en 319, nombró a alguien mayor y con más experiencia para sucederlo.[125] Esto indignó a su hijo quien emprendió una guerra que culminó victoriosa en 317.[126] Se sospecha que Casandro envenenó a Alejandro IV junto con Roxana en 310, lo que dejó solo a Heracles, el hijo ilegítimo de Alejandro Magno y su amante persa, que pudiese competir por el poder.[127, 128] Él también fue asesinado, y en 305 a.C., Casandro se había declarado a sí mismo Rey de Macedonia.[129]

El gobierno de Casandro fue caótico e inestable, y pocos años después de su muerte, y la de sus hijos, en el campo de batalla,[130] el Reino de Macedonia cayó ante su enemigo Demetrio I. Demetrio no tenía uso para la democracia e hizo sus propias selecciones para los arcontes de Atenas, así como para otros administradores del reino.[131]

---

[124] Lightman, Marjorie y Benjamin Lightman. *A a la Z de las mujeres griegas y romanas antiguas.* 2008.

[125] Waterfield, Robin. *Dividiendo el botín.* 2012.

[126] Ibid.

[127] Geoffrey, Nicholas; Hammond, Lemprière; y Walbank, Frank William. *Una historia de Macedonia: 336-167 a.C.* 1988.

[128] Grant, David. *En busca del Testamento perdido de Alejandro Magno.* 2017.

[129] Waterfield, Robin. *Dividiendo el botín.* 2012.

[130] Ibid.

[131] Shear, T. Leslie. *Kallias de Spettos y la revuelta de Atenas 2 en 286 a.C.* 1978.

Fuera de Grecia, las tierras conquistadas por Alejandro se llenaron de inmigrantes griegos que buscaban nuevas fortunas en las ciudades que su antiguo emperador había fundado a lo largo de su campaña militar. La Alejandría egipcia se convirtió en un nuevo refugio de la cultura greco-egipcia, tal como lo había deseado su fundador. Era una nueva era en la tierra de los faraones, una en la que la filosofía y la cultura de estilo griego se habían puesto de moda. La dinastía ptolemaica, gobernada por descendientes de un general macedonio, se caracterizó por una educación de estilo griego con un enfoque en las matemáticas y la ciencia.[132] La Gran Biblioteca de Alejandría fue construida durante ese tiempo, y estaba llena de textos de las grandes mentes del reino.

La construcción incesante del imperio de Alejandro había logrado difundir la cultura griega en todo el mundo conocido. En las autónomas ciudades que fundó, griegos, persas, indios y árabes caminaban hombro con hombro, leyendo y escribiendo en griego y aprendiendo las maravillas matemáticas descubiertas por Pitágoras.[133] Aprendían a usar el método socrático y sentían orgullo de su propia educación y sofisticación en contraste a los que consideraban más pobres o de naciones bárbaras.

Alrededor de 280 a.C., se volvió a reunir la Liga Aquea, uniendo las regiones del sur de Grecia que se encontraban contiguas al Mar Jónico.[134] En unas pocas décadas, el grupo había crecido hasta abarcar todo el sur de Grecia desde el mar Jónico hasta el mar Egeo. El poder militar del reino se había reducido enormemente durante este periodo, y aunque sus líderes mantenían ejércitos permanentes,

---

[132] Professor Gerhard Rempel, *Civilización helenística* (Western New England College.) Archivado el 2008-07-05 en la Máquina Wayback.

[133] Marcinkowski, Christoph. *El mundo islámico y el oeste.* 2009.

[134] McKay, John; Buckler, John; Wiesner-Hanks, Merry E; Hill, Bennett; y Clare Crowston. *Historia de la sociedad occidental completa.* 2016.

requerían de la ayuda de la República romana para luchar en las guerras macedónicas.[135]

En el año 146 a.C., la Liga Aquea se rebeló contra sus aliados romanos por su anexión del poder político y la política exterior en Grecia.[136] Sin embargo, la Liga carecía del poder militar para respaldar su rebelión. Los romanos llegaron a Grecia en masa ese año y obtuvieron una victoria decisiva contra su detractor. Así fue como el poder del Mediterráneo pasó sin problemas de las antiguas tierras helenísticas a las de la República romana.

Se ha dicho falsamente que Grecia sufrió un declive cultural en los años anteriores a la ocupación romana. Este no fue el caso; fue simplemente a punta de espada que el reino cambió de manos. No hubo una gran edad oscura en Grecia que pregonó una nueva generación de conquistadores, filósofos y políticos; en todo caso, la edad oscura vino con los romanos, no antes. Los griegos fueron asimilados por sus captores y pronto pareciera que fueron un logro de los romanos.

---

[135] Eckstein, Arthur. *Roma entra en el este griego.* 2012.

[136] Phang, Sara; Spence, Iain; y Douglas Kelly. *Conflicto en la antigua Grecia y Roma.* 2016.

Capítulo 13 - De Grecia a Roma

La aparición de la República romana en el mundo griego fue, en términos contextuales, bastante inédito. Después de todo, los romanos ni siquiera habían existido durante la mayor parte de la vida de Atenas o Grecia. Aunque llegaron más tarde desde una perspectiva griega, Roma había estado en proceso durante al menos mil años, y nada menos que de la mano de un personaje mitológico griego.

En el segundo milenio a.C., un troyano llamado Eneas dejó los restos de su ciudad natal desgarrados por la guerra a instancias de la diosa Afrodita, su madre, y su padre principesco. Como semidiós, estaba protegido por su poderosa madre y, por lo tanto, fue uno de los sobrevivientes de las guerras en curso con los griegos. Huyó por el mar hacia el oeste hasta llegar a las costas italianas. Se subió a la tierra en el lado occidental del país y estableció su hogar allí.[137]

A Eneas se le atribuye la creación de la raza romana, ya que sus hijos y descendientes eran de origen troyano mixto e italiano nativo. Su propio hijo, Ascanio, construyó la antigua ciudad de Alba Longa en la que sus propios descendientes, Rómulo y Remo, nacieron

---

[137] Virgil. *Eneida*.

muchos años después. Durante siglos, Alba Longa fue la ciudad más grande e influyente de toda Italia, pero su momento en el sol no duraría. Pronto, sería el turno de Roma de deslumbrar a toda la creación occidental, apoyándose en la cultura y el éxito de los reinos helenísticos y estableciéndose como una gran capital de Europa y el Mediterráneo.

Los romanos les enseñaron a sus hijos que la gran ciudad había sido fundada por los semidioses Rómulo y Remo, que eran hermanos gemelos. Los hermanos habían sido condenados a muerte cuando eran bebés debido a una profecía que decía que serían responsables de la caída de su tío abuelo, el rey Amulio de Alba Longa. Amulio no estaba dispuesto a atreverse a arriesgar su poder o su vida, por lo que ordenó a sus esclavos matar a los bebés. Sin embargo, se compadecieron y, en cambio, los arrojaron al río Tíber, donde fueron encontrados por una loba. La loba amamantó a los bebés y los cuidó en su cueva hasta que fueron descubiertos por un pastor llamado Faústulo.[138]

Faústulo y su esposa cuidaron a los hermanos como a sus propios hijos, y Rómulo y Remo aprendieron a cuidar ovejas y participar en la política rural de su comunidad adoptiva. En la edad adulta, fueron arrastrados a un debate sobre la deposición de la reina gobernante de Alba Longa. Muchos ciudadanos estaban a favor de Numitor, el abuelo de los niños, sobre Amulio. La lucha siguió, y Remo fue arrestado y llevado a Alba Longa. Rómulo lo siguió allí y, al encontrarse con el rey, se reveló todo acerca de las verdaderas identidades de los pastores jóvenes.[139]

Rómulo y Remo cumplieron con la profecía, mataron a Amulio e instalaron a su abuelo, Numitor, como rey de Alba Longa. Luego, ansiosos por tener su propia tierra que gobernar, se dirigieron a la

---

[138] Garcia, Brittany. "Rómulo y Remo". *Enciclopedia de Historia Antigua.* Enciclopedia de Historia Antigua, 18 Apr 2018. Web. 21 Mar 2019.

[139] Ibid.

región de las siete colinas y buscaron el lugar perfecto para establecer su propia gran ciudad. Aquí, los hermanos no estaban de acuerdo sobre cómo proceder. Rómulo fijó la vista en el monte Palatino, justo encima de la misma cueva donde el lobo los había criado. Remo, sin embargo, prefería el Monte Aventino. No pudieron llegar a un acuerdo y, por lo tanto, pidieron ayuda a los dioses para elegir un lugar. Cuando ambos recibieron señales que interpretaron como positivas, todavía no podían estar de acuerdo, por lo que Rómulo mató a su hermano y fundó Roma en el Monte Palatino.[140] Gobernó allí como su primer rey durante 37 años antes de desaparecer un día en una violenta y misteriosa tormenta.[141]

Al igual que sus vecinos no muy lejanos, los atenienses, los primeros romanos disfrutaban de los beneficios de vivir en una ruta comercial fácil. Aunque no estaba conectada directamente con el mar Mediterráneo, Roma pudo comerciar con otras comunidades italianas y culturas marineras del Mediterráneo gracias a su ubicación en el río Tíber. En aquellos primeros años, los agricultores y comerciantes de la ciudad importaban mármol, especias y metales preciosos mientras exportaban granos, vino, aceitunas y aceite de oliva.[142] Para los trabajadores de clase media y los comerciantes de la ciudad en crecimiento, los esclavos se utilizaban para administrar el negocio de importación y exportación de la época. Al igual que los griegos, los romanos dependían de la esclavitud para seguir construyendo la ciudad y su infraestructura, aunque a diferencia de los esclavos atenienses, los romanos eran en su mayoría extranjeros que eran capturados fuera de la ciudad-estado.[143]

---

[140] Ibid.

[141] Mavor, William Fordyce. *Historia universal: antigua y moderna.* 1804.

[142] Cartwright, Mark. "El comercio en el mundo romano". *Ancient History Encyclopedia*. Ancient History Encyclopedia, 12 Apr 2018. Web. 21 Mar 2019.

[143] Joshel, Sandra R. *La esclavitud en el mundo romano.* 2010.

Roma creció de manera constante durante los siguientes siglos, sus reyes acumularon una cantidad decente de tierras en el centro de Italia mientras combatían a los etruscos al norte y a los samnitas y griegos al sur. Ciertamente, una fuerza a considerarse en términos locales, Roma no fue particularmente importante o influyente a escala internacional hasta aproximadamente el siglo III a.C. Hasta entonces, Roma era un mero punto en el mapa del mundo occidental conocido, al igual que Mesopotamia y el Imperio persa. El comercio local y la guerra fueron el foco de atención de los primeros reyes de Roma, al igual que la construcción de una infraestructura sólida.

Muy influenciado por las ideologías de las ciudades democráticas de Grecia, el Reino romano no duró mucho. Este período se caracterizó por una lucha injustificada y una gestión financiera poco realista dirigida a la construcción del imperio. Los conflictos serios comenzaron en 579 a.C., bajo el gobierno del emperador nacido en la Etruria Lucio Tarquinio Prisco. Prisco había impuesto a los ciudadanos romanos más de lo que podían soportar para financiar sus interminables campañas militares. Le gustaba mostrar sus saqueos y su exceso con desfiles en su propio honor, donde montaba en un carro dorado vestido con una toga bordada en oro. Se sentaba en un trono especial, sostenía un cetro y usaba una prenda púrpura real como parte de su atuendo para celebrar su poder como rey y emperador.[144]

Para su crédito, Prisco vertió gran parte de esa riqueza saqueada en Roma, terminando sus fortificaciones exteriores y cavando la Cloaca Máxima.[145] La cloaca sirvió como uno de los primeros sistemas de alcantarillado del mundo antiguo, por medio del cual se drenaron las tierras periféricas recientemente inundadas y su exceso se dirigió al Tíber. Prisco probablemente fue el responsable de la construcción del Circo Máximo, un estadio masivo en el que se reunían multitudes

---

[144] Florus. *El Epítome.*

[145] Hopkins, John North. *El génesis de la arquitectura romana.* 2016.

para ver carreras de carros y combates de boxeo.[146] A pesar de sus intentos de fortalecer a Roma, el emperador Prisco fue asesinado en un golpe político en 579 a.C.[147]

En un giro político, a los posibles usurpadores de Prisco se les negó el trono en favor del propio yerno de Prisco, Servio Tulio.[148] Siguiendo a Tulio, era el hijo o nieto de Prisco quien sería el último rey de Roma: el Lucio Tarquinio el Soberbio. Era violento, implacable y egoísta. Se dice que asesinó a miembros de su familia, incluido su propio rey y suegro, Servio Tulio, para llegar al trono de Roma.[149] Una vez que tomó el poder, continuó la conquista en curso de las ciudades-estado cercanas y los pequeños reinos y agotó los recursos propios de Roma mediante la guerra y los proyectos de construcción constantes. Los ciudadanos ya estaban indignados con su rey, y cuando la noble Lucrecia acusó de violación a Sexto, el hijo de Soberbio fue el último clavo en el ataúd de la monarquía romana.[150]

Lucio Junio Bruto, que ya había ganado la lealtad del ejército romano, unió sus fuerzas con el apoyo de la aristocracia local y obligó a Soberbio a salir de la ciudad.[151, 152] Aunque el rey depuesto se defendió varias veces con la ayuda aliada de los etruscos, nunca recuperó su ciudad y murió en el exilio en 495 a.C.[153] Bruto y

---

[146] Kenny, Peter Francis. *Monarcas.*

[147] Ibid.

[148] Ibid.

[149] Titus Livius. *Ab urbe condita.*

[150] Matthes, Melisa M. *Violación de lucrecia y la fundación de las repúblicas.* 2010.

[151] Stevenson, Tom. *Transformación de la república romana.* 2014.

[152] Neill, Thomas Patrick. *Una historia de la civilización occidental.* 1962.

[153] Eidinow, Esther. *El Oxford Companion a la civilización clásica.* 2014.

Colatino, el marido de Lucrecia, fueron elegidos como los primeros cónsules democráticos de Roma, y así nació la República romana.[154]

---

[154] Zoch, Paul A. *Roma antigua: una historia introductoria.* 2012.

Capítulo 14 - La República Romana

Fundamentalmente, el gobierno de la República romana se organizó de acuerdo con tres cuerpos políticos diferentes: el Senado, las Asambleas y los magistrados.[155] Fue esta estructura de múltiples capas la que le dio fuerza a la República. Con cada estrato de la población de la ciudad involucrado en una pequeña parte del gobierno, incluso un sistema imperfecto y aristocráticamente inclinado parecía infinitamente más placentero que el gobierno final de un solo dictador. Su lema era "Senatus Populusque Romanus" o "Senado y Pueblo de Roma".[156]

En el corazón del sistema estaba el famoso Senado romano, un grupo de hombres elegidos para discutir y promulgar las leyes del estado. Establecido como un consejo asesor en los días de los reyes romanos, el Senado tenía 300 miembros en 509 a.C.[157] Fue en este cuerpo administrativo donde las raíces de la democracia, tomadas de

---

[155] Lintott, Andrew. *La constitución de la república romana*. 1999.

[156] Maesano, Luisa. *Manual de la antigua Roma*. 2017.

[157] Enciclopedia británica. "Historia romana del Senado". Web.

los intelectos de Grecia, se apoderaron aún más de la civilización occidental. Compuesto por varios cientos de senadores, vestidos oficialmente con la toga de rayas moradas y los zapatos a juego de su oficio, el propósito del Senado era la discusión y la legislación.[158] Los hombres del Senado se reunieron para discutir los problemas, grandes y pequeños, que enfrentaban su ciudad-estado y votar sobre la mejor manera de superar cada desafío.

Estaba lejos de ser un sistema perfectamente justo, pero los derechos de las mujeres mejoraron bajo su administración. Muchas mujeres podían divorciarse de sus maridos o dirigir sus propios asuntos, a diferencia de sus predecesoras bajo el gobierno de los reyes romanos.[159] En la República romana había esencialmente dos clases de personas: una era un pequeño grupo de aristócratas adinerados y terratenientes, conocidos como los patricios, y la otra estaba compuesta por trabajadores no nobles, soldados, pequeños comerciantes y los pobres: los plebeyos.[160]

Los patricios se encargaban de seleccionar y servir como senadores, ejerciendo así sus derechos aristocráticos y democráticos al mismo tiempo. A partir del siglo V a.C., los plebeyos estaban excluidos de todas las partes del gobierno y se esperaba que consultaran a su patriarca patricio (un representante que poseía cada distrito) para tratar cualquier problema o queja legal. Las mujeres, ya fueran de la aristocracia o no, no podían ser elegidas en el Senado ni votar.[161]

Desde el interior del Senado, dos miembros fueron elegidos para ocupar el cargo de cónsul democrático más alto.[162] Era importante

---

[158] Adkins, Lesley y Roy A. Adkins. *Manual para la vida en la antigua Roma*. 2014.

[159] Grubbs, Judith Evans. *Manual para la vida en la antigua Roma. La mujer y la ley en el imperio romano.* 2002.

[160] Ibid.

[161] Ibid.

[162] Ibid.

que hubiera dos de estos líderes para que tuvieran que estar de acuerdo entre sí antes de promulgar leyes o reformas. Además, uno podría quedarse en Roma y administrar a la ciudad, mientras que el segundo podría supervisar el trabajo del ejército mientras marchaba interminablemente hacia territorios extranjeros recolectando esclavos, impuestos y objetos de valor. A los cónsules solo se les permitió servir términos de un año, una ley establecida para restringirlos de simplemente convertirse en nuevos reyes.[163]

Otros magistrados bajo los cónsules eran los pretores, los cuestores, los ediles y los otros senadores. Cada uno de estos roles fue definido específicamente. Los pretores eran responsables de atender las sentencias en los tribunales locales; los cuestores manejaban las finanzas de la ciudad y pagaban a los soldados de Roma; los ediles plebeyos eran una combinación de urbanistas y funcionarios, que tomaban el control de los proyectos de construcción y organizaban festivales públicos; y finalmente, el Senado se encargaba de delegar a los otros grupos y tratar asuntos más grandes como la guerra.[164]

Bajo el gobierno de los reyes, los plebeyos romanos no habían podido participar en el Senado, pero todavía constituían la gran mayoría de la población de Roma y, finalmente, utilizaron esto para su ventaja. En el 494 a.C., se declararon en huelga, exigiendo que se otorgara a su clase el derecho a representarse a sí misma en el Senado. Para asegurarse de que fueran tomados en serio, los huelguistas se reunieron y salieron de Roma por completo, afirmando que iniciarían una nueva ciudad más arriba en el Tíber.[165] El Senado se vio obligado a conceder esta demanda, ya que la economía de Roma se basaba en gran medida en la conquista y la tributación de las políticas vecinas. A los plebeyos se les otorgó el derecho de elegir a sus propios representantes, llamados tribunos,

---

[163] Ibid.

[164] Ibid.

[165] Wells, H.G. *Esquema de la historia.* 1951.

que defendían en su nombre en el Senado y tenían el poder de convocar una Asamblea Plebeya regular. Las asambleas eran necesarias para que los tribunos pudieran proponer, discutir y votar leyes que afectaran solo a los no patricios.

Los romanos también tenían una ley de seguridad incorporada en su legislación gubernamental que sería promulgada en caso de que el estado fuera privado de sus cónsules y los ciudadanos estuvieran en peligro inminente, por ejemplo, de un ejército enemigo. En este caso, el magister populi designado, o dictador, intervendría, tomaría el control total como el de un emperador, haría lo que fuera necesario para proteger a la República romana y luego entregaría el poder al Senado en un plazo de seis meses.[166] El magister populi era idealmente un general militar experimentado con el conocimiento y la fuerza necesaria para llevar a los soldados de Roma a la victoria.

La República romana abarcó casi cinco siglos, desde la deposición de Lucio Tarquinio el Soberbio en 509 a.C., hasta la introducción del Imperio romano en 27 a.C.[167] Durante ese período de tiempo, Roma no solo ganó fama internacional por su sistema de autogobierno sino también por sus grandes hazañas de arquitectura, literatura, educación superior y dominio militar. No contentos con permanecer en las sombras de los griegos, babilonios o egipcios, los romanos se dispusieron a conquistar el mundo conocido y a traer su propia cultura, que consideraban única y superior a todas las demás, a las masas de hordas no cultas en Italia, el Mediterráneo, África, Europa y Asia.

---

[166] Wasson, Donald L. "Cincinnatus". *Enciclopedia de Historia Antigua*. Enciclopedia de Historia Antigua, 04 Apr 2017. Web. 22 Mar 2019.

[167] Adkins, Lesley y Roy A. Adkins. *Manual para la vida en la antigua Roma*. 2014.

Capítulo 15 - Los Dioses Prestados de Roma

Si rechazamos nuestro homenaje a las estatuas e imágenes frígidas, semejante a sus originales muertos, las que no dejan de conocer los halcones, los ratones y las arañas, ¿no merece elogio en lugar de castigo el repudio de un error reconocido? Seguramente no podemos ofender a los que ciertamente sabemos no existen. Lo que no es, está en su inexistencia a salvo del sufrimiento.

(Tertuliano, El *Apologético*)

Las ciudades-estado helénicas habían surgido siglos antes que las de Roma, y Atenas seguía siendo un faro de la filosofía, la política y el intelecto para la gente de Italia y el resto del Mediterráneo. En muchos sentidos, la cultura que había nacido en la antigua Grecia, particularmente en Atenas, simplemente se extendía a través del mar y se plantaba a sí misma en Roma. Allí, las filosofías de los grandes pensadores griegos echaron raíces, evolucionando ligeramente para adaptarse a su nuevo hogar. Roma aceptó estos regalos intangibles con gratitud, siempre respetuosos de la gran civilización que la había precedido.

Debido a la estrecha relación entre Grecia e Italia durante sus años de formación en el mismo lado del Mediterráneo, las ideas religiosas y espirituales habían fluido de una a la otra. Especialmente después de las Guerras de Macedonia y el comienzo de la era romana, la forma de los dioses de Roma se hizo mucho más clara. El panteón griego, incluidos Zeus, Hera, Atenea y sus hermanos deleitaron los oídos de los italianos y provocaron su propia imaginación espiritual. Por lo tanto, los dioses y diosas de los romanos eran casi una copia al carbón de los griegos.[168] En lugar de Zeus, estaba Júpiter, el rey de los dioses y él mismo, el dios del Trueno. Para Poseidón, estaba Neptuno, dios del mar. Incluso Cronos tenía una contraparte conocida como Saturno, padre de Júpiter. Más de una docena de deidades romanas se parecen mucho a las de los griegos, y aun así el nuevo panteón recibió el respeto y la fe de sus ciudadanos. Quizás esta fue la filosofía fundamental de los romanos: tomar lo que había sido griego y hacerlo mejor, más personal.

Después de que Roma conquistó y convirtió la mayor parte de Grecia y el anillo mediterráneo a su propio imperio, los aristócratas romanos importaron a los griegos eruditos para enseñar a sus hijos.[169] Al hacerlo, los ciudadanos romanos aseguraron la continuación de lo que consideraban lo mejor de la civilización griega. Por su parte, los tutores griegos esclavizados de la República romana aprovecharon al máximo su situación, enseñando a los jóvenes romanos sobre los dioses y diosas poderosos y místicos que habían creado el mundo y cada criatura sobre él. Les enseñaron los números, el alfabeto griego, la geometría y las matemáticas avanzadas; compartieron los escritos filosóficos de sus propios héroes y contaron historias escritas por griegos de siglos pasados. Era un nuevo día bajo un nuevo imperio, pero la civilización griega vivió, tan autoritaria como lo había sido antes, bajo el disfraz de la República Romana.

---

[168] De la Bedoyere, Guy. *Los romanos para "tontos"*. 2011.

[169] Redmond, Marian. *Alfabetización e historia: los romanos*. 2007.

Así como la plétora de deidades ayudó a los griegos a entenderse a sí mismos y al universo, también lo hizo el panteón de los romanos. Dentro de la misma Roma, el gran templo del Panteón se construyó en la primera parte del siglo II E.C. para honrar a múltiples dioses y diosas conjuntamente en un solo lugar; su importancia fue tal que se convirtió en una característica central de la ciudad.[170]

Además del robo religioso de los dioses griegos, los romanos parecían escoger y elegir a voluntad las características de su fe y su universo. La diosa del gato egipcio, Bastet, es un buen ejemplo de esta inclinación. Adorada como parte del panteón de los egipcios, Bastet fue recibida en muchos altares domésticos dentro del Imperio romano.[171] Fue una faceta de la vida y la religión que difería totalmente entre los griegos y los romanos: la importancia y el simbolismo de los gatos.

Para los griegos, los gatos no eran realmente nada especial. A pesar de que el vecino Egipto ponía a sus gatos domésticos y salvajes en pedestales literales, momificándolos junto a los cuerpos de los faraones muertos, los griegos no tenían tal afinidad con los pequeños felinos.[172] Incluso la noción de que un gato doméstico podría prestar servicios mediante la caza de ratones, ratas y otras plagas fue de poca ayuda para su causa, debido a que las familias griegas ya habían empleado comadrejas domésticas con ese fin.[173]

La relación de los romanos con el gato doméstico fue una historia completamente diferente. Desde la primera vez que los gatos domésticos fueron introducidos en Italia, probablemente por los

---

[170] Sullivan, George H. *No construido en un día: explorando la arquitectura de Roma.* 2009.

[171] Enciclopedia británica. "Bastet diosa egipcia". Mar 1 2019.

[172] Malek, Jaromir. *El gato en el antiguo Egipto.* 1997.

[173] Hard, Robin. *El Manual de Routledge de la mitología griega.* 2003.

fenicios, fueron adorados. [174] Inmediatamente puestos en uso junto con comadrejas para tareas de limpieza, los gatos se encontraron no solo utilizados, sino también como miembros célebres de familias romanas. Un gato mascota era una característica común de la antigua casa romana; incluso a los pies de su diosa de la libertad, Libertas, un gato yacía a su lado.[175, 176]

Los dioses y diosas romanos sirvieron a su gente, así como el panteón griego sirvió a sus propios creyentes. La capacidad de escoger y elegir sus piezas culturales favoritas, especialmente de Grecia y Egipto, significaba que los romanos podían juntar lo que creían que era el mejor de todos los mundos. El hecho de que los conjuntos de deidades griegas y romanas sobrevivan en la memoria actual muestra la fuerza y el orgullo que ambas civilizaciones sienten hacia sus propias creaciones. Para el espectador moderno, muchas deidades de Roma pueden parecer duplicados griegos, pero para un ciudadano del antiguo Mediterráneo, puede haber desmentido que solo significó el hecho de que la era de los reinos helenísticos había dado paso oficialmente a la República romana.

---

[174] Engels, Donald W. *Gatos clásicos: el ascenso y la caída del gato sagrado.*

[175] Adkins, Lesley y Roy A. Adkins. *Manual para la vida en la antigua Roma.* 2014.

[176] Elmes, James. *Diccionario general y bibliográfico de las bellas artes.* 1826.

Capítulo 16 - Los Romanos Clásicos

Quizás una de las características más definitorias de la República romana fue la creencia de sus propios senadores, tribunos, patricios y plebeyos de que Roma era la forma por excelencia de la cultura y la civilización humana. Pero ¿qué fue lo que distinguió a los romanos de sus vecinos cercanos y lejanos? El autogobierno era sin duda una gran parte de esa imagen, pero no era la democracia lo que las legiones de Roma llevaban a sus naciones conquistadas, era una dictadura provincial bajo un magistrado romano.[177] Por lo tanto, la aparente voluntad de los romanos de impartir sus conocimientos a todos los demás se equiparó fundamentalmente al egoísmo y al centrismo romano. De hecho, la creencia de Roma en su rectitud innata persiste en la cultura occidental hasta el día de hoy, ya que se considera que los romanos fueron el pináculo de la iluminación cultural.

En ninguna parte se pudo ejemplificar mejor esta cultura que en la propia ciudad de Roma, que fue el hogar de quizás un millón de personas durante este período.[178] En una sociedad estrictamente

---

[177] Enciclopedia británica. "Gobierno romano de la provincia". Web.

[178] Stewart, David. *Dentro de la antigua Roma*. 2006.

patriarcal, los hombres romanos gobernaban tanto en casa como en el Senado, teniendo la propiedad legal sobre sus esposas, hijas e, incluso en algunos casos, las esposas de sus hijos.[179] Los hombres también eran dueños de esclavos que usualmente eran comprados a comerciantes que los obtenían mediante redadas militares en tierras extranjeras. A veces, los niños eran vendidos por padres que necesitaban desesperadamente dinero.[180] La esclavitud no se basaba en el color de la piel o en su herencia nacional, sino simplemente en su propia desgracia de haber sido capturado en primer lugar.

La esclavitud era rampante en Roma y de ninguna manera se limitaba a la casa o los campos. Los esclavos aprendían cantidad de trabajos y roles y los realizaban a licitación de sus amos. Desde el mantenimiento de las aguas residuales hasta la contabilidad, cualquier trabajo podía ser ocupado por un esclavo siempre que su amo lo deseara; como tales, los esclavos eran una parte integral de la economía y la infraestructura romana, y sin esta gran fuente de trabajo, la ciudad y la República no habrían sido lo mismo.[181]

Debido a su herencia diversa, los esclavos romanos a menudo eran difíciles de distinguir de un hombre o una mujer libres. Llevaban las mismas túnicas y togas de plebeyos libres y, por lo tanto, se mezclaban dentro de la sociedad.[182] En el Senado, una ley que exigía que todos los esclavos usaran un uniforme específico se debatió en gran medida, pero finalmente fue desestimada. Muchos senadores creían que si los esclavos pudieran ver cómo superaban en número a los hombres libres, se desencadenaría una revuelta.[183] Sin embargo,

---

[179] Grubbs, Judith Evans. *La mujer y la ley en el imperio romano.* 2002.

[180] Ibid.

[181] Hunt, Peter. *La esclavitud griega y romana antigua.* 2017.

[182] Gardner, Jane, and Thomas Weidemann. *Representando el cuerpo del esclavo.* 2013.

[183] Ibid.

hubo muchos incidentes causados por esclavos que fueron liberados legalmente por sus amos, después de los cuales sus hijos serían considerados ciudadanos libres de la República, incluso para servir en el Senado (en el caso de los hombres).[184] Aunque los hombres libres no podían postularse para el cargo, podían votar y ocupar algunos puestos en el gobierno.[185]

La vida de la ciudad se centró en el Foro y el distrito central de negocios. Los ciudadanos podían comprar ropa, textiles, especias, alimentos frescos y en conserva, carne y pescado, frutas, verduras y artículos de lujo como zapatos y libros. La mayoría de la gente iba al mercado en el Foro, pero los patricios solían comprar en tiendas especializadas donde podían comprar carne, muebles para el hogar y esclavos.[186] Los romanos pobres y las familias de esclavos solían comprar en un mercado diferente que vendía principalmente verduras, pan de mijo y lentejas, los alimentos más asequibles.[187, 188] En el distrito central de negocios, se podían encontrar bancos, peluquerías y otros servicios profesionales necesarios para la vida diaria. Intercalados entre tiendas, mercados, edificios comerciales y otras construcciones, estaban los subastadores y vendedores ambulantes, empujando sus productos aquí y allá a lo largo de las calles empedradas entre multitudes de peatones y aristócratas en palanquines.

Las habilidades de construcción y planificación urbana de los antiguos romanos debieron ser una maravilla de ver en acción. Los arquitectos y trabajadores de la ciudad no solo estaban allí para

---

[184] McGeough, Kevin M. *Los romanos: nuevas perspectivas.* 2004.

[185] Ibid.

[186] Holleran, Claire. *Compras en la antigua Roma.*

[187] Ibid.

[188] Carr, K.E. Comida romana - rica y pobre. Quatr.us Study Guides, September 1, 2017. Web. March 22, 2019.

construir muros y cavar zanjas de drenaje; pretendían revolucionar por completo la gestión de las aguas residuales urbanas. El hombre que ideó esta nueva tecnología fue Apio Claudio el Ciego.[189] Apio diseñó y construyó el primer acueducto de Roma, el Aqua Appia, en 312 a.C., y fue tan efectivo que el reino construyó otros diez a lo largo del próximo siglo.[190]

La premisa del nuevo sistema de alcantarillado era simple, ya que se basaba en la gravedad que extraía el agua dulce de su fuente a través de tuberías y túneles a donde los arquitectos querían que fuera. Poner esa idea en hormigón, piedra y ladrillo, sin embargo, llevó una cantidad increíble de previsión y aún más trabajo duro. Una vez que los diseños se habían trazado para traer agua dulce a la ciudad y eliminar las aguas residuales, el gran trabajo de construcción quedaba por hacerse.

La invención del hormigón romano fue esencial para la arquitectura contemporánea de la República romana, especialmente para los acueductos. En lugar de rocas de cantera o ladrillos de barro endeble, el hormigón era una mezcla húmeda de rocas pequeñas, cerámica y otros escombros de construcción con yeso, cal viva y puzolana.[191] La puzolana es un tipo de ceniza volcánica que se encuentra en toda Roma y especialmente en la región de Campania, ya que rodea el Monte Vesubio. Gracias a las propiedades especiales de la puzolana, el hormigón se endurecía en un ladrillo o relleno duradero que resistiría el agrietamiento incluso mejor que el cemento moderno. También se fijaba mientras estaba húmedo, lo que daba a los constructores la oportunidad de trabajar bajo la lluvia e incluso bajo el agua.[192]

El agua de mar reaccionó con el hormigón perfectamente para crear una estructura fija y duradera que perduró más que cualquier otro tipo de construcción

---

[189] Bunsun, Matthew. *Enciclopedia del Imperio Romano*. 2014.

[190] Enciclopedia británica. "Ingeniería de acueductos". Web.

[191] Adkins, Lesley y Roy A. Adkins. *Manual para la vida en la antigua Roma*. 2014.

[192] Jackson, Marie D; Mulcahy, Sean R; Chen, Heng; Li, Yao; Li, Qinfei; Cappelletti, Piergiulio; y Hans-Rudolf Wenk. "Cementos minerales de Filipinas y Tobermorita producidos por reacciones de agua y roca a baja temperatura en el concreto marino romano". July 01, 2017.

contemporánea.[193] Los constructores utilizaron estos ladrillos de cemento como la base de sus puentes y túneles de acueductos, luego se colocaban capas de ladrillos de arcilla para mayor resistencia y apoyo.[194] Fue con el simple cemento y el ladrillo que los equipos de Apio transformaron Roma y su campo en una tierra de gigantescos puentes de doble arco, algunos de los cuales todavía están en pie y en uso hoy en día. Una de estas estructuras antiguas, conocida como Aqua Virgo, alimenta la Fontana de Trevi en Roma, del siglo XVIII.[195]

Mientras los acueductos fluían y los puentes se mantenían firmes, el comercio y los negocios eran el foco diario de los patriarcas de Roma. Para los niños ricos, sin embargo, era la escuela. El sistema educativo informal de Roma estaba destinado a enseñar a los niños pequeños la gramática y los números básicos. A partir de los seis años, tanto las niñas como los niños de familias ricas asistían a lecciones en las que se les enseñaba a contar, escribir y leer.[196] Cuando esos estudiantes alcanzaban la edad de doce años, los niños continuaban aprendiendo griego, latín, literatura y oratoria. En ese momento, la gran mayoría de las niñas eran excluidas de la educación superior, aunque a algunas pocas se les permitió continuar en sus clases. Normalmente, las niñas nobles se casaban después de los doce años, lo cual tenía prioridad sobre la escolarización.[197]

Era un sistema fuertemente basado en el de los antiguos griegos, de quienes los romanos tomaron muchas piezas de cultura. Dándole lugar al imperio que había llegado antes, los tutores y aristócratas de Roma pusieron mucho énfasis en el aprendizaje de las letras griegas y la poesía clásica de autores de siglos anteriores. Las obras de Homero y Hesíodo, algunos de los primeros poetas griegos, se

---

[193] Ibid.

[194] Aicher, Peter J. *Guía de los acueductos de la antigua Roma.* 1995.

[195] Roda, Isabel. "Acueductos: apagando la sed de Roma". National Geographic *History Magazine.* Noviembre/Diciembre 2016.

[196] Rawson, Beryl. *Los niños y la infancia en la Italia romana.* 2003.

[197] C N Trueman "Educación Romana" historylearningsite.co.uk. The History Learning Site, 16 Mar 2015. 5 Mar 2019.

usaban con frecuencia en aulas privadas y públicas para que los alumnos leyeran y memorizaran.

La educación no era obligatoria ni financiada por el estado de la República romana, pero sin embargo fue una piedra angular en su identidad nacional.[198, 199] Las clases públicas, consideradas más asequibles para los no ricos, carecían de estructura en términos de horas de asistencia o pruebas de conocimiento; sin embargo, los informes orales, las sesiones de preguntas y respuestas y las presentaciones se usaron comúnmente para determinar el alcance del conocimiento de los estudiantes.[200]

A pesar del empleo habitual de los tutores, a menudo también los patriarcas enseñaban en las casas.[201] Considerados los miembros más inteligentes de la familia, los padres querían ser los que impartían conocimiento a sus hijos y al hacerlo, pretendían los elogios que gratificaban a su buen intelecto. Los adolescentes que se veían obligados a asistir a la educación superior tenían más probabilidades de viajar a Grecia para aprender lecciones de filosofía, matemáticas y astronomía.[202] Incluso en los siglos posteriores a la decadencia de la civilización griega, se consideraba que los mejores filósofos se encontraban solo en Atenas.

Dentro de la República, los hombres completamente educados se convertían en arquitectos, senadores y generales.[203] Cada una de estas carreras fue un pilar integral de la cultura romana: los

---

[198] Diccionario clásico de Oxford, Tercera Edición. 1996.

[199] Morgan, Teresa. "La evaluación en la educación romana". Evaluación en Educación, vol. 8, No.1. Marzo de 2001.

[200] Bonner, Stanley. *La educación en la antigua Roma.* 2012.

[201] Ibid.

[202] Enciclopedia británica. "Adopción romana de la educación helenística". Web.

[203] Michael Chiappetta, "Historiografía y educación romana", History of Education Journal 4, no. 4 1953.

arquitectos fijaban su marca en piedra sólida y en hermoso mármol; Los senadores atestiguaban la grandeza de la República y su sistema democrático; y los generales mantenían al ejército en forma, alerta y listo para atacar o defender según fuera necesario. Entre ellos, hicieron las características e impresiones más duraderas de la República romana: los arcos, las cúpulas y las estructuras de hormigón que durarían un milenio; los foros cuyas conferencias influyeron en civilizaciones enteras; y un territorio que casi encapsulaba todo el mar Mediterráneo.

Capítulo 17 - Los Gladiadores

La sangrienta herida

Del gladiador

Burbujea el final de la vida.

Los gritos de aclimatación de las gradas.

Llena el cielo con furiosos tigres.

Agitando los brazos para incitar a las masas

Los notables envejecidos añaden un aire de dignidad a la arena.

Haciendo sus entradas separadas

Ellos se ARRODILLAN

Sobre los cadáveres todavía calientes

De los jóvenes. Sus labios marchitos posan.

Sobre las frescas heridas que corren.

Y, para prolongar sus vidas - así lo creen,

Sorber, sorber vorazmente la sangre, sangre, sangre.

Sangre fresca del sol.

Corriendo en venas inmundas

Como en las tuberías de aguas residuales,

Y así se abandona el Corazón de la Nación.

(Visar Zhiti)[204]

El entretenimiento de gladiadores demostró una parte violenta y sangrienta de la psique romana, que contrastaba fuertemente con la visión que los ciudadanos tenían de sí mismos como el pináculo de la sofisticación y la inteligencia. Aunque los miembros de la república, así como el imperio posterior, disfrutaban asistiendo a representaciones teatrales, observando bailarines y escuchando las composiciones de músicos talentosos, fueron las competiciones de gladiadores las que realmente atrajeron a la multitud. El enorme Coliseo se completó en el año 80 d.C., con el propósito principal de servir a la insaciable sed de sangre y espectáculo de Roma.[205] Capaz de albergar a 50.000 miembros de la audiencia, el Coliseo era el teatro más sofisticado del mundo antiguo.[206]

Los dramaturgos usaron este enorme teatro para recrear batallas famosas e historias mitológicas de los dioses, se llevaron a cabo ejecuciones públicas allí a plena vista del público clamoroso, y en los primeros días del nuevo Coliseo, el suelo se inundaba para recreaciones impresionantes de batallas marinas.[207] Bajo tierra, se construyeron una serie compleja de túneles y cámaras para albergar esclavos y una gran variedad de animales que se usaron en las presentaciones.[208] Los esclavos, capturados desde todos los rincones

---

[204] Zhiti, Visar. Traducción de *Robert Elsie*. "La manzana condenada: poesía seleccionada". 2004.

[205] Kleiner, Fred S. *El arte de Gardner a través de las edades: una historia global.* 2009.

[206] Ibid.

[207] Hopkins, Keith, y Mary Beard. *El Coliseo.* 2005.

[208] Ibid.

del Imperio romano, se veían obligados a luchar cuerpo a cuerpo, primero en entrenamiento y luego en el gran escenario. Estos esclavos no siempre peleaban necesariamente hasta la muerte, pero con el tiempo, probablemente encontrarían su fin a manos de una espada. Los nuevos reclutas aprendieron las tácticas de combate adecuadas con el tiempo, y algunos incluso se defendían contra un oponente tras otro en la arena, ganándose el respeto y la adoración de la ciudad.

Varias clases de gladiadores lucharon en las arenas de Roma. Basado en la experiencia y rango de un luchador entre los otros gladiadores, podría haber sido un thraex o murmillo, es decir, un soldado de infantería vestido de armadura y protegido con un escudo y espada,[209] o un luchador que carecía de la mayoría de las armaduras pero que tenía un casco con aletas, un escudo de casi un metro y un gladius.[210] También podría haber sido un eques, el tipo de luchador que entraba en la arena a caballo, o un essedarius, que luchaba desde un carruaje. Las peleas de murmillo eran las más populares entre el público, pero había una gran variedad disponible para el aficionado de los gladiadores. Algunos hombres eran colocados para luchar contra leones, lobos y otros animales, mientras que otros luchaban entre sí con nada más que un tridente y una red. Los cristianos eran lanzados contra leones sin nada con lo que defenderse.[211]

Aunque la mayoría de los combatientes eran hombres, las mujeres también lucharon en las arenas durante los siglos I y II, hasta que el emperador Septimio Severo les prohibió el acceso.[212] Hasta el 200 d.C., sufrieron junto a sus homólogos esclavos, pero a menudo eran enviadas simplemente para hacer reír a los miembros de la audiencia

---

[209] Ibid.

[210] Nossov, Konstantin. *Gladiador: la guía completa de los luchadores sangrientos de la antigua Roma.* 2011.

[211] Hopkins, Keith, y Mary Beard. *El Coliseo.* 2005.

[212] Abrams, Robert B. *El Coliseo: Una Historia.* 2017.

patriarcal ante sus supuestas deficiencias en la batalla. No era inusual que las luchadoras se vieran enfrentadas a enanos, aunque en general luchaban entre sí.[213]

En cada grupo de nuevos luchadores, uno podía estar destinado a la fama. Uno de esos gladiadores fue Espartaco, un esclavo rebelde de la región de Tracia, en el sureste de Europa.[214] Habiendo servido posiblemente en una sección del ejército romano, Espartaco fue, por alguna razón, despojado de su rango y esclavizado al pie de la Roma aristocrática. Finalmente, fue vendido y llevado a Léntulo Batiato, el dueño de los campos de entrenamiento de gladiadores más grandes del reino, cerca de la ciudad de Capua.[215] Junto a los otros hombres, Espartaco se vio obligado a prestar juramento de que cumpliría las órdenes o se arriesgaría a un castigo corporal. Eso probablemente no pareció importar mucho a los grupos de hombres que regularmente marchaban a Capua para llenar el espacio dejado por los innumerables luchadores muertos. De una forma u otra, estaban condenados a morir a manos de los entrenadores o entre ellos.

Aunque los hombres probablemente se amontonaban juntos en habitaciones oscuras y diminutas, no estaban dispuestos a hacerse amigos. Había varias razones por las que se mantenían emocionalmente distantes; la primera era simplemente una mezcla de idiomas que dificultaba bastante la comunicación entre los reclutas. En segundo lugar, los hombres sabían que cuando los metían en la arena para matarse unos a otros, no podían enfrentarse a derribar a un amigo. Era mejor seguir las reglas y mantenerse vivo matando a extraños.

Espartaco pensó de otra manera. Se atrevió a enfrentarse a los poderes existentes y convocó a sus compañeros esclavos para que se

---

[213] Hubbard, Ben. *Gladiadores*. 2016.

[214] Castleden, Rodney. *Conflictos que cambiaron el mundo*. 2008.

[215] Ibid.

levantaran contra sus amos en vigor. Espartaco representó uno de los escapes más memorables de la historia romana. Junto con una fuerza de al menos setenta gladiadores, Espartaco y sus hombres saquearon la cocina del campamento de Capua en busca de cuchillos antes de salir implacablemente del centro de entrenamiento y las calles, donde se apoderaron de varios vagones cargados con armaduras y armas.[216] Los hombres saquearon a Capua y reclutaron a muchos más esclavos antes de retirarse a una relativa seguridad en el Monte Vesubio, donde se reagruparon e hicieron planes adicionales.

La rebelión de los gladiadores provocó la Tercera Guerra Servil de la República romana.[217] Fue la última de las grandes rebeliones de esclavos contra la poderosa república y quizás la más impactante. Espartaco y la mayoría de sus compañeros no se contentaban simplemente con escabullirse para encontrar su propia libertad personal, especialmente después de que los soldados romanos los persiguieran hasta el Monte Vesubio y asediaran al volcán. Sin estar dispuestos a rendirse, los gladiadores elaboraron cuerdas de enredaderas en la cima de la montaña y subieron sigilosamente por el lado opuesto, atacando el campamento de los soldados antes de retirarse una vez más. En el siguiente ataque, los rebeldes lograron no solo vencer a los soldados, sino equiparse con las mismas armas para acabar con la rebelión.

Emocionados por el gran éxito del ejército de esclavos, decenas de miles de trabajadores en régimen de servidumbre de Roma huyeron de las casas de sus amos y se unieron a las filas del ejército de gladiadores. Espartaco, Crixo y Enomao se convirtieron en los líderes del partido, quienes juntos lideraron a unos 40.000 esclavos y otros reclutas para salir de Italia.[218] El grupo se dividió, con algunos dirigiéndose hacia el noroeste para cruzar los Alpes y el resto con la

---

[216] Ibid.

[217] Kohn, George Childs. *Diccionario de las guerras.* 2013.

[218] Ibid.

intención de regresar a Tracia. A pesar de que los antiguos esclavos habían demostrado ser capaces de esquivar los ataques y potencialmente encontrar su camino a la seguridad, el grupo de Espartaco, en su mayoría esclavos tracios, tenía dudas acerca de abandonar el poderoso ejército que habían formado. El ejército ya no respondía a los caprichos de Espartaco y decidieron entre ellos usar su fuerza para saquear el país.

En su biografía de Craso, Plutarco escribió sobre los movimientos de Espartaco durante la Tercera Guerra de los Serviles:

> ... Marchó con su ejército hacia los Alpes, con la intención de que, cuando los hubiera cruzado, todos los hombres fueran a su propia casa, algunos a Tracia y otros a la Galia. Pero ellos, confiados en su número e inflados con su éxito, no le prestaron ninguna obediencia, sino que atacaron y devastaron Italia; de modo que ahora el senado no solo se movió ante la indignidad y la bajeza, tanto del enemigo como de la insurrección, sino que lo hicieron considerándolo como una cuestión de alarma y consecuencia peligrosa.[219]

Alentado por su éxito continuo, el ejército de esclavos consideró la táctica temeraria de saquear a la propia Roma, pero finalmente, la lógica dictó que permanecieran fuera de la capital. En cambio, se mudaron al sur de Italia. Mientras la fuerza rebelde consideraba su próximo movimiento, los cónsules de Roma enviaron a Marco Craso para aplastar la rebelión. A lo largo de 71 d.C., los 40.000 soldados de Craso persiguieron a Espartaco y sus seguidores por toda Italia, hasta que finalmente, con la ayuda del ejército de Pompeyo el Grande regresando de Hispania, los rebeldes fueron capturados y asesinados.[220]

---

[219] Plutarco. *Vidas de los nobles griegos y romanos*.

[220] Kohn, George Childs. *Diccionario de las guerras*. 2013.

[Espartaco], empujando su camino hacia el mismo Craso a través de muchas armas voladoras y hombres heridos, no lo alcanzó, sino que mató a dos centuriones que cayeron sobre él conjuntamente. Finalmente, después de que sus compañeros alzaron vuelo, se quedó solo, rodeado de sus enemigos, y todavía se defendía cuando fue derribado.[221]

Unos 6.000 esclavos sobrevivientes fueron crucificados en el camino de regreso a Roma, mientras que otros fueron devueltos a los campos de gladiadores.[222] Aunque la derrota de los esclavos parece aplastante, a algunos contemporáneos e historiadores les gusta especular que el propio Espartaco logró escapar una vez más.

La última competición de gladiadores registrada en Roma fue en el año 404 d.C., cuando fueron prohibidas por el emperador Honorio.[223]

---

[221] Plutarco. *Las vidas de Plutarco*.

[222] Ibid.

[223] Hanel, Rachael. *Gladiatores*. 2007.

Capítulo 18 - Julio César, Parte 1

Cayo Julio César, más conocido por su cognomen Julio César, remontó su linaje a un príncipe de Troya que fue reconocido como el hijo de la diosa Venus.[224] Con nada menos que la sangre de los dioses corriendo por sus venas, no podía ser de extrañar que un hombre así se convirtiera en uno de los más grandes héroes de Roma. Nació en la aristocracia en el año 100 a.C., después de un parto difícil que se cree que es el primer caso registrado de cesárea con el nombre adecuado.[225] Su padre, también llamado Cayo Julio César, había sido Magistrado Pretor de la Provincia de Asia, y como el César mayor, el más joven destacó en la política.

Como patricio, se esperaba que el joven Julio sirviera un término en el Senado y en el ejército; Lo hizo y se desempeñó bien en ambos roles. Sin embargo, cuando tenía unos quince años, la muerte de su padre lo convirtió en el jefe de la familia y lo inspiró a tomar una

---

[224] Lovano, Michael. *Todas las cosas Julio César.* 2014.

[225] Stevenson, Tom. *Julio César y la transformación de la república romana.* 2014. Nota: los historiadores no están de acuerdo con los detalles técnicos de este difícil nacimiento. Incluso si este era el primer caso improbable de que un bebé fuera sacado del cuerpo de su madre mientras la madre sobrevivía, el método había sido usado antes del tiempo de César para rescatar a los niños no nacidos del vientre de una madre fallecida.

carrera diferente.[226] Sabiendo que necesitaba la seguridad financiera más que cualquier otra cosa, César recurrió al sacerdocio. La religión era un asunto serio en una ciudad donde los gobernantes afirmaban ser descendientes de los sagrados Zeus y Poseidón, y sumarse al sacerdocio significaba que la familia de un hombre podía disfrutar del respeto de sus conciudadanos y del dinero suficiente para vivir cómodamente. Desafortunadamente, había un problema: la chica con la que Julio ya había prometido casarse no era de una familia aristocrática. Los sacerdotes debían casarse con mujeres patricias, por lo que César terminó el compromiso y se casó con una chica patricia llamada Cornelia Cinna.[227, 228]

Su plan fracasó horriblemente, ya que los actuales debates políticos de la ciudad habían llegado a un punto de ruptura entre las dos facciones principales, los Populares y los Optimates. La primera ideología postulaba que la mejor manera de gobernar Roma era a través de los principios democráticos y la movilización de las clases más bajas.[229] Sin embargo, muchos romanos opinaban que la plataforma Optimate era la mejor, en la que la aristocracia tenía el poder supremo sobre los plebeyos porque eran intelectualmente superiores.[230] Julio y su familia se suscribieron a la ideología popular.[231]

Los Cinnas se aliaron políticamente con el tío de César, Cayo Mario. Cinna era cónsul de Roma en el momento de la boda de su hija con César, y su influencia ayudó a este último a convertirse en el sumo

---

[226] Dugan, Christine. *Julio César: líder romano*. 2007.

[227] Mark, Joshua J. "Julio César". *Enciclopedia de Historia Antigua*. Web. 28 April 2011.

[228] Lovano, Michael. *Todas las cosas Julio César*. 2014.

[229] Ibid.

[230] Ibid.

[231] Ibid.

sacerdote de Júpiter.[232, 233] Poco después, sin embargo, el enemigo óptimo de Mario y Cinna, Lucio Cornelio Sila Félix, marchó hacia Roma como general del ejército y tomó el poder. Una vez que Sila se instaló como el dictador de Roma en el 81 a.C., libró a la ciudad de sus enemigos Populares, y César fue despojado de su sacerdocio y se le ordenó que se divorciara de su esposa.[234, 235] Rechazando el matrimonio, dejó su hogar en el exilio. Pudieron regresar gracias al alcance diplomático de su familia materna, pero finalmente no pudo continuar su carrera como Sumo Sacerdote de Júpiter.

Había otra manera en que César sabía cómo ganarse la vida, y era en el ejército. No fue un trabajo fácil, pero el trabajo de soldado mantuvo a Julio fuera de Roma y alejado del hombre que se había rebelado contra su tío y convertido a la República en una dictadura. No regresó hasta la muerte de Sula en el 78 a.C., cuando sintió que era seguro caminar por las calles de Roma sin peligro de ataque por parte de los aliados del dictador.[236] Desafortunadamente, la riqueza de César había sido confiscada un tiempo atrás por Sila como castigo por negarse a divorciarse de Cornelia.[237] Solo en una parte de la clase baja de la ciudad, los exiliados recién regresados podían costear una vivienda, pero él lo aceptó de igual manera.

En los primeros años de su regreso a la vida romana, Julio César comenzó a hablar en público, un hábito por el que se hizo famoso. La política fue su tema elegido, y César pasó horas hablando con

---

[232] Colegrove, Michael y Micha Colegrove, Phd. *Voces distantes: escuchando las lecciones de liderazgo del pasado.* 2007.

[233] Yenne, Bill. *Julio César: Lecciones de liderazgo del gran conquistador.* 2012.

[234] McKenzie, Richard. *Cronologías antiguas de la república romana.* 2008.

[235] Mark, Joshua J. "Definición de Julio César". *Enciclopedia de Historia Antigua.* 28 de abril de 2011.

[236] Crawford, Michael Hewson. *La república romana.* 1993.

[237] Adam Alexander. *Biografia clasica.* 1800.

grupos sobre lo que consideraba el comportamiento vergonzoso de varios de los antiguos gobernadores de Roma. A través de estos monólogos regulares, las características personales de César, específicamente su voz aguda y sus gestos erráticos con las manos, llegaron a ejemplificarlo.

Durante un viaje a través del mar, posiblemente en el camino para estudiar oratoria con el famoso Apolonio Molón, César fue secuestrado por piratas y detenido en una pequeña isla griega. Durante sus 38 días de prisión, César se encargó de practicar la oratoria con sus captores, quienes aparentemente estaban muy entretenidos con sus aleteos, su voz chillona y su complejo de superioridad evidente.[238] Cuando los captores del hombre le dijeron que exigían veinte talentos de plata para liberarlo, él se ofreció en cambio a pagar cincuenta confiadamente.[239] Hicieron el trato. Cuando Julio fue liberado, regresó a Roma, formó un ejército y luego capturó y mató a los piratas que lo habían mantenido como rehén. Después de eso, siguió la ley y la política.

Durante la próxima década, César ascendió a las filas políticas de Roma. Comenzó como el tribuno militar, una posición en la que era responsable de representar al ejército en el Senado, y finalmente se le otorgó el cargo de gobernador de la provincia de España.[240] En el 60 a.C., César se había vuelto lo suficientemente poderoso y agradable como para formar una alianza con otros dos políticos ambiciosos: Marco Licinio Craso y Pompeyo el Grande. Esta unión se llamaría el primer triunvirato.[241] El propósito del triunvirato era ejercer la presión correcta sobre el Senado para asegurar que se aprobaran varios proyectos de ley que estaban en los mejores

---

[238] Plutarco. *Las vidas paralelas*.

[239] Mark, Joshua J. "Definición de Julio César". *Enciclopedia de Historia Antigua*. 28 de abril de 2011.

[240] Ibid.

[241] Ibid.

intereses de César, Craso |y Pompeyo. En última instancia, querían asegurar el consulado de Roma para ellos mismos, y esto se concretó al año siguiente cuando Julio César fue elegido cónsul.[242]

El primer proyecto de ley que César presentó al Senado se diseñó inteligentemente para ganarse el amor de la gente de la República romana y hacer que fuera intocable para los senadores irritados. Su plan era dar tierras gratis a los granjeros pobres y a los veteranos de la República que no tenían nada para sí mismos.[243] Era un plan de dos puntas en el que los pobres de la República estarían tan agradecidos que se volverían irrevocablemente leales a su cónsul; en segundo lugar, estaba destinado a retratar a César como altruistamente infalible dentro del Senado. Funcionó, pero no de la manera que pretendía el cónsul. Los senadores no estaban de acuerdo con la división de las propiedades públicas y privadas, y abandonaron la reunión cuando su nuevo cónsul expulsó a la fuerza a un oponente fuera del edificio del Senado.[244] César burló a los senadores y llevó el caso directamente a la asamblea plebeya, quienes se convencieron de apoyarlo junto con Craso y Pompeyo.[245] Gracias a la presión adicional de los plebeyos y de los ciudadanos más poderosos de Roma, el Senado finalmente votó para aprobar el proyecto de ley.

Había perdido el apoyo de los senadores conservadores de Roma, pero se había ganado el amor de los pobres, que eran mucho más numerosos que la aristocracia.

---

[242] Enciclopedia británica. "Julio César Romano Gobernante". Web. Feb 13 2019.

[243] Campbell, Phillip. *La historia de la civilización: VOLUMEN I. 2016.*

[244] Dio, Cassius. *Historia romana 38.3.*

[245] Enciclopedia británica. "Julio César Romano Gobernante". Web. Feb 13 2019.

Capítulo 19 – Julio César, Parte 2

Uno de los objetivos principales de César en obtener el consulado de Roma era la gobernación de la Galia. Era una práctica común que a los cónsules se les diera responsabilidad personal sobre una provincia romana, y quería asegurarse de que la provincia fuera la más lucrativa de la República. Galia, una civilización celta centrada en la Francia moderna, antes había sido tan extensa que se extendía desde la Bretaña celta hasta el norte de Italia. Subyugado bajo la fuerza de la República romana en sus regiones más bajas, su cultura y lengua nativas disminuyeron. Julio César sabía muy bien que las tierras más allá de las fronteras de la Galia romana estaban llenas de recursos propicios para el saqueo, y él no dejaría que nada se interpusiera en su camino. Visualizó a todos los territorios divididos de la Galia, desde el Reino Unido celta hasta Italia, bajo su control.

César, endeudado en gran medida gracias a su campaña expansiva, se emocionó al ser nombrado gobernador de la Galia Cisalpina en el 58 a.C.[246] Cuando el gobernador del estado gemelo de la Galia Transalpina murió ese año, su territorio administrativo también fue transferido a César.[247] El cónsul asumió estas responsabilidades con

---

[246] Gilliver, Kate. *Las guerras galicas de César: 58-50 a.C.*

[247] Ibid.

entusiasmo, organizando de inmediato medidas para impedir que los migrantes helvecios, una tribu celta que buscaba activamente nuevas tierras para asentarse a la punta de sus espadas, cruzaran sus provincias. Su primer paso fue construir un muro masivo a lo largo del lado este del río Ródano, de 29 kilómetros (19 millas) de longitud.[248] Consciente de que no se le permitía sacar a los ejércitos de Galia de la tierra romana sin el permiso expreso del Senado, César usó a los helvecios como una excusa para hacer precisamente eso.

Las fuerzas de César mataron a los inmigrantes armados, empujándolos decisivamente fuera del alcance del nuevo muro y las fronteras romanas. César comunicó que esperaba que el enemigo se resistiera más y exigió la libertad de hacer lo que quisiera con el ejército. La solicitud no fue bien recibida en casa, donde muchos senadores creían que César estaba inventando problemas y desperdiciando recursos por su propia gloria. Los detractores del cónsul llegaron tan lejos como para apelar a Pompeyo el Grande, diciéndole que, si ese comportamiento continuaba, Julio César reemplazaría a Pompeyo como el personaje más influyente de la ciudad. Sin embargo, era demasiado tarde para hacer tales afirmaciones, ya que Pompeyo se había enamorado de la hija de su aliado convertido en rival político, Julia César, y se había casado con ella a instancias de Julio.[249]

Lejos de Roma, Julio César estaba aislado de las discusiones del Senado, pero finalmente se le otorgó el poder de llevar al ejército de Galia donde lo considerara necesario. El Senado accedió a hacerlo solo sobre el criterio de que debía ser necesario para proteger las provincias de Roma, de lo cual se habían convencido gracias a sus largas cartas que describían sus hazañas en el campo de batalla.[250] La

---

[248] Freeman, Philip. *Julio César.* 2008.

[249] Ibid.

[250] Gwynn, David M. *La república romana: una breve introducción.* 2012.

verdad era que César pretendía hacer mucho más que simplemente defender sus fronteras. Decidido a conquistar a quien quisiera, a pesar de que su consulado había terminado, César puso la vista en el guerrero germano, Ariovisto, que se había atrevido a atacar a los aliados romanos de Haedui.[251]

Ariovisto y su gente, como prácticamente todas las culturas que se encontraban al norte de la República romana, eran considerados bárbaros por César y sus contemporáneos. Adoraban a diferentes dioses y consultaban oráculos que eran extraños para los romanos, y por lo tanto, se creía que eran inferiores a la República en todos los aspectos.[252] Al importarle muy poco las tradiciones y creencias de sus oponentes, César aprovechó la noticia de que sus dioses le habían dicho a Ariovisto que no luchara hasta la luna nueva.[253] Las fuerzas romanas cabalgaron hasta el campamento enemigo y se prepararon para luchar de todos modos, obligando a los hombres de Ariovisto a defenderse. Julio César sabía que los alemanes creían que estaban desafiando a sus dioses, y esa era exactamente la mentalidad negativa que quería explotar. La batalla terminó victoriosamente para los romanos y dejó las tierras de Ariovisto en manos de César.[254] Triunfante, el cónsul siguió avanzando hasta anexar las modernas Francia y Bélgica para él y para Roma.

El Senado de Roma se dividió sobre el tema de las Guerras Gálicas de César. Aunque Craso y Pompeyo siguieron apoyando a su aliado, una facción de senadores creía que las acciones de César eran las de un rey y un posible dictador, no un gobernador o un general del ejército. Sobre todo, el Senado estaba destinado a proteger el sistema democrático y no a personas con ambiciones tan caras. Las

---

[251] Caesar, Julius. *Comentarios sobre la guerra gálica*

[252] Mark, Joshua J. "Los Godos". Enciclopedia de Historia Antigua. 12 de octubre de 2014.

[253] Freeman, Philip. *Julio César.* 2008.

[254] Caesar, Julius. *Comentarios sobre la guerra gálica*

elecciones se celebraron en 55 a.C., durante las cuales Craso calmó a los senadores en cuestión y fue nombrado cónsul con Pompeyo. Además, Pompeyo fue nombrado gobernador de España, César recibió otros cinco años en Galia y Craso fue nombrado gobernador de Siria. [255, 256] Inmediatamente, Craso se dirigió a la frontera de Siria, con la intención de expandir sus fronteras justo como lo estaba haciendo César en Galia.

En Roma, durante el 54 a.C., la hija de César, Julia, murió durante el difícil parto del bebé de Pompeyo.[257] El bebé murió unos días después, dejando al viudo y desconsolado Pompeyo devastado. Sin más vínculos personales con su aliado político, Pompeyo retiró su apoyo a César, terminando formalmente con el triunvirato. Más allá de la hermandad perdida, Pompeyo y César se convirtieron en rivales implacables. El año siguiente fue aún más difícil para César cuando su último aliado, Craso, murió en una campaña militar desastrosa contra Partia.[258] El triunvirato estaba terminado, y Julio César estaba solo en lo que se refería a su campaña política personal.

En el 52 a.C., Roma se había dividido en dos, la mitad se manifestaba a favor de Pompeyo el Grande, el único cónsul designado ese año, y la otra mitad a favor del líder conquistador, Julio César.[259] Las pandillas dominaban las calles, arrasando, golpeando y quemando todo a su paso. El edificio del Senado se incendió.[260] En la Galia, las cosas tampoco iban mejor, ya que un

---

[255] Ibid.

[256] Paterculis, Velleius: *La historia romana.* 2011.

[257] William Smith (editor.) *Un nuevo diccionario clásico de la biografía, mitología y geografía griega y romana.* 1851.

[258] Caesar, Julius. *Comentarios sobre la guerra gálica.*

[259] Colegrove, Michael y Micha Colegrove, Phd. *Voces distantes: escuchar las lecciones de liderazgo del pasado.* 2007.

[260] Lendering, Jona. Traducido por S.J. Leinbach. *Ciudad de mármol.* 2002.

gobernante gálico llamado Vercingétorix reunió a su gente para luchar contra las tropas romanas de ocupación.[261] Las fuerzas gálicas de Vercingétorix quemaron las tierras agrícolas y las reservas de alimentos del ejército romano, con la intención de sacarlos de la Galia por completo. César encontró el enorme ejército galo de Vercingétorix entre él y sus propias legiones que invernan en la Galia del norte. Tuvo que pasar por alto el ejército de Vercingétorix haciendo un difícil viaje por las montañas cubiertas de nieve en pleno invierno con solo un puñado de tropas. De allí, viajó hasta llegar a la actual Dijon, Francia. En pocos días, César reunió a todo su ejército galo y estaba listo para atacar.

La guerra en la Galia se calmó al año siguiente debido a que las fuerzas de César prevalecieron contra las de los galos unificados, pero había comenzado una seria rivalidad política entre los partidarios de César y Pompeyo en Roma.[262] Pompeyo había sido nombrado cónsul único de Roma y, con el apoyo de la mayor parte del Senado, ordenó a César regresar solo a Roma y renunciar a su cargo de gobernador.[263] El gran general militar se enfrentó a un grave problema. ¿Debería obedecer sus órdenes y enfrentar la ira del Senado o sacar provecho de los disturbios sociales en la ciudad y aprovechar la oportunidad para proclamarse como dictador? Si cruzaba esa frontera de vuelta a territorio romano con su ejército, marcada por el río Rubicón, inmediatamente indicaría una guerra civil.

Con su ejército detrás de él, César decidió cruzar el Rubicón.

---

[261] Rollin, Charles, y Jean Baptise L. Crevier. *La historia romana*. 1768.

[262] Caesar, Julius. *Comentarios sobre la guerra gálica*.

[263] Redonet, Fernando Lillo. "Cómo Julio César comenzó una gran guerra al cruzar un pequeño arroyo". National Geographic *History Magazine*. Marzo/abril 2017.

Capítulo 20 – El Imperio Romano

Amigos, romanos, compatriotas, prestadme vuestros oídos;
Vengo a enterrar a César, no a alabarle;
El mal que hacen los hombres vive después de ellos.
El bien es a menudo enterrado con sus huesos,
Que así sea con César ...

(Marco Antonio en *Julio César* de William Shakespeare)

A medida que las fuerzas de César avanzaban hacia el sur, Pompeyo dirigió su propio ejército fuera de Roma y hacia Grecia, dejando expuestas sus tierras españolas. César luchó contra las fuerzas restantes de Pompeyo en España primero, conquistándolas mientras su líder esperaba su rival en Grecia. Al año siguiente, se encontraron en la batalla de Farsalia en Grecia, y el ejército de César obtuvo una victoria decisiva.[264] Pompeyo luego huyó a Egipto en busca de asilo y fue asesinado por el intento.[265]

En ese momento, Egipto se encontraba en un estado similar de guerra civil al igual que los poderes de Roma, y César vio una forma

---

[264] Ibid.

[265] Ibid.

de aprovechar al máximo esta situación. Apresurándose a Egipto en busca de su exaliado, César fue recibido con la cabeza de Pompeyo por un tutor del co-Faraón Ptolomeo XIII. Según Plutarco, César lloró al verlo e intento proteger la cabeza hasta que pudiera organizar un entierro adecuado. Se desconoce si estaba realmente enojado por el asesinato de su viejo amigo, en todo caso, dirigió su atención al asunto de los cogobernantes de Egipto: Ptolomeo XIII y su hermana/novia, Cleopatra VII.

En un intento por influir al poderoso diplomático de su propia causa, la reina Cleopatra visitó a César por sorpresa en sus aposentos. Plutarco escribió que la reina se había envuelto en una alfombra y fue entregada a César, temerosa de ser vista por guardias y enemigos. Los dos rápidamente se convirtieron en amigos y amantes, y después de que fracasaran las tácticas de paz entre los dos líderes egipcios, César acordó luchar al lado de Cleopatra contra Ptolomeo.[266]

El significado cultural de Ptolomeo y el Reino de Egipto no pasaron por alto a Julio César. Visitó la tumba de Alejandro Magno y reflexionó sobre sus propios medios para dejar un legado duradero en un país que era más antiguo de lo que serían los reinos de ambos.[267] En última instancia, aunque no estaba naturalmente inclinado a apoyar el asesinato de ningún miembro de la Dinastía Ptolemaica, César aceptó el hecho de que una alianza con Cleopatra podría significar el final del Faraón Ptolomeo XIII. Ciertamente, el hermano de su amada reina egipcia se ahogó en el río Nilo después de su derrota por las fuerzas combinadas de su hermana y el general romano en el 47 a.C.[268]

---

[266] Historia. "Cleopatra se suicida".Web. Actualizado el 25 de febrero de 2019.

[267] Saunders, Nicolas J. *La tumba de Alejandro: la obsesión de los dos mil años.* 2007.

[268] Grant, Michael. *Cleopatra: Cleopatra.* 2011.

Ese mismo año, el poderoso general de César, Marco Antonio, convenció al Senado de nombrar a César dictador del imperio.[269] El Senado aceptó tal condición solo porque querían que su cónsul concluyera sus tratos políticos en Egipto y encontrara una solución dentro de ese tiempo. Él cumplió y apoyó a Cleopatra para que se casara con su hermano de 12 años, Ptolomeo XIV, para consolidar la autoridad de la reina egipcia con una contraparte masculina necesaria.[270] El matrimonio era solo por ley; Cleopatra era la consorte voluntaria de Julio César y en ese momento probablemente estaba embarazada de su hijo.

Tan pronto estaba el trono de Cleopatra asegurado, César partió de Egipto a Roma. Su dictadura temporal se había extendido a perpetuidad, lo que enfureció a los miembros del Senado; estos senadores furiosos se encargaron de asegurar que su reino permaneciera democrático.[271] El 15 de marzo del 44 a.C., más de 60 senadores conspiradores acosaron a Julio César frente al Teatro de Pompeyo, y muchos de ellos lo apuñalaron hasta la muerte.[272]

Marco Antonio y dos de los aliados más fiables de César se organizaron para formar el Segundo Triunvirato, después de lo cual mataron a los asesinos de su amigo y retomaron el liderazgo del imperio.[273] Fue una alianza frágil, especialmente dado el romance en curso de Antonio con la reina Cleopatra en Egipto. Para suavizar las cosas con Octavio, un compañero miembro del triunvirato e hijo adoptivo de César, Antonio se casó con Octavia, hermana de

---

[269] Patricia, Southern. *Marcos Antonio: Una vida.* 2010.

[270] Ibid.

[271] Wasson, Donald L. "El asesinato de Julio César". *Enciclopedia de Historia Antigua.* Enciclopedia de Historia Antigua, 15 de mayo de 2015. Web. 23 de marzo de 2019.

[272] Woolf Greg, *¿Et tu Brute? - El asesinato de César y el asesinato político.* 2006.

[273] Dierckx, Heidi M. C. *Civilizaciones griegas y romanas,* grado 5-8. 2012.

Octavio.[274] Sin embargo, fue de poca utilidad, ya que Cleopatra continuó dando a luz a sus hijos. En el 32 a.C., el Senado declaró la guerra a Egipto y consideró a Marco Antonio como un traidor a Roma.[275] Antonio y Cleopatra lucharon contra las fuerzas de Octavio, pero no pudieron vencerlos. Cleopatra huyó a Egipto y se refugió en su mausoleo.

Al recibir el reporte falso de que Cleopatra estaba muerta, Antonio se apuñaló y fue llevado a su habitación donde la encontró viva.[276] Agonizando, le pidió que hiciera las paces con Octavio, pero ella no lo hizo. Sin salida, la reina de Egipto se suicidó. Octavio mató a Antillo, el hijo mayor de Antonio, y al hijo de la reina con Julio César, Cesarión, y tomó Egipto para él. En el 27 a.C., se convirtió en el emperador Augusto del Imperio romano, reinando durante 41 años.[277] Los tres hijos nacidos de Marco Antonio y Cleopatra fueron enviados a la viuda de Antonio, Octavia, para ser criados en Roma.[278]

---

[274] Ibid.

[275] Historia. "Cleopatra se suicida". Web. Actualizado el 25 de febrero de 2019.

[276] Ibid.

[277] Ibid.

[278] Haughton, Brian. "Cleopatra y Antonio". *Enciclopedia de Historia Antigua*. 10 de enero de 2011. Web.

Capítulo 21 – La Ciudad de Pompeya

Pompeya fue una de las ciudades más grandes del Imperio romano, en la que se estima que unas 20.000 personas vivían cerca de la costa de la Bahía de Nápoles a la sombra del Vesubio. Establecida formalmente en el siglo VIII a.C., la Pompeya del 79 d.C., era un triunfo del Imperio romano.[279] La ciudad era un bullicioso centro de comercio, que probablemente vendía aceite de oliva, vino y mariscos a comerciantes de Roma, España y la Galia.[280] Fortificada por un muro de piedra, la ciudad presentaba muchos lujos del día, incluidos baños públicos, templos de Apolo y varios otros dioses grecorromanos, un inmenso anfiteatro y un foro público.[281] Los ciudadanos de esta floreciente ciudad participaban en política y comercio, y pasaban su tiempo libre observando las exhibiciones de gladiadores en el anfiteatro. Los ciudadanos ricos y de clase media

---

[279] De Vos, Arnold and Mariette De Vos. *Pompeya, Herculano, Stabia.*1982.

[280] Cartwright, Mark. "El comercio en el mundo romano". *Enciclopedia de Historia Antigua*. 12 de abril de 2018. Web. 24 de marzo de 2019.

[281] Berinato, Scott. "Control de multitudes de la antigua Pompeya" *CSO*. Web. May 18, 2007.

poseían esclavos que asumían gran parte del trabajo agrícola y la preparación de alimentos, mientras que la clase alta asumía los deberes administrativos de la comunidad.

Aunque la gente del Imperio romano calificaba a la formación de roca gigante en la Bahía de Nápoles como una montaña, eran perfectamente conscientes de que en realidad era un volcán. Tenía una larga historia que se remontaba a siglos como la fuente de pequeñas erupciones y terremotos, y en el 62 d.C., hubo un devastador terremoto que destruyó muchos edificios en Pompeya y pueblos cercanos.[282] El daño solo se había reparado parcialmente en el año 79, después de lo cual no habría más oportunidades de reconstrucción. Ese año, el Monte Vesubio explotó y cubrió las comunidades bajas de Pompeya, Herculano y las aldeas más pequeñas en gruesas capas de polvo, ceniza y roca pulverizada.[283]

Hubo señales de advertencia durante varios días antes de la explosión en forma de temblores. Estos no eran infrecuentes en la región, y, por lo tanto, no había muchos precedentes para alarmarse. Sin embargo, a tempranas horas de la tarde, estuvo claro que esta vez, el Vesubio no se calmaría de nuevo en su sueño de siglos.[284] Un gigantesco penacho de ceniza, roca y aire sobrecalentado brotó de la boca de la montaña y alcanzó 33 kilómetros de altura (21 millas).[285] En los preciosos momentos después de que la columna apareciera sobre la montaña, los ciudadanos de todos los pueblos y ciudades circundantes huyeron. La mayoría de los habitantes de Pompeya lograron salir con vida, probablemente en botes que los llevaron

---

[282] Sintubin, M. *Los fuegos del Vesubio*. 2010.

[283] Ibid.

[284] Ibid.

[285] Dobran, Flavio. *Vesubio: Educación, Seguridad y Prosperidad*. 2006.

desde la orilla de la ciudad hacia el norte a la relativa seguridad de Miseno.[286]

Miseno, que se encontraba en la costa sur en la parte de la masa de tierra italiana que se adentraba en el Mediterráneo hacia el oeste, estaba a unos 56 kilómetros (35 millas) por tierra, pero considerablemente más corto por mar. En su mayor parte, estaba fuera del camino de la lluvia de piedra pómez y ceniza que comenzó a caer sobre Pompeya poco después de que apareciera el penacho, y, por lo tanto, es lógico que muchos de los refugiados huyeran en esa dirección. Sin embargo, la gente de Miseno no estaba del todo convencida de que no estuvieran en peligro, y muchos de ellos huyeron más al norte antes de que llegaran los fugitivos de Pompeya.[287]

Entre los que se quedaron en Miseno se encontraba el escritor Plinio el Joven, que miraba por la ventana con horror la nube oscura que crecía sobre la ciudad de Pompeya. Su tío, el estimado Plinio el Viejo, también vio el desarrollo de la catástrofe y se encargó de subir a un bote y documentar el evento. Antes de que pudiera irse, un mensajero se acercó a él y le informó que algunos de sus amigos estaban atrapados en su casa al pie de la montaña. La pareja aterrorizada solo podría evacuar a través de un bote, por lo que el anciano Plinio aceptó ir allí de inmediato e intentar ayudar.[288]

Navegó directamente hacia la oscuridad a través de esa pequeña sección de mar y avanzó a través de gruesas capas de roca y sedimentos que se habían acumulado a lo largo de la orilla opuesta. A pie, llegó a la casa de sus amigos y se sintió aliviado al ver que todavía estaba mayormente protegido de las lluvias de cenizas. Plinio pensó que era mejor asegurar a sus aterrorizados amigos que

---

[286] Wilkinson, Paul. *Pompeya: una guía arqueológica*. 2017.

[287] Plinio el Joven. *Una vida en letras romanas*.

[288] Ibid.

todo estaba bien y que superarían la tormenta de manera segura, por lo que adoptó una actitud relajada y confiada. En lugar de huir de regreso a través de la lluvia de rocas, estaba decidido a esperar que pasara lo peor de la erupción justo donde estaba. Cenó felizmente con sus amigos e incluso tomó un baño antes de quedarse dormido en un dormitorio de invitados.[289]

Quedarse quieto resultó no haber sido el mejor curso de acción, ya que Plinio se despertó en medio de la noche y encontró su habitación llena de piedra pómez y ceniza. Dirigió a los miembros de la casa, protegiéndose de las rocas que caían con almohadas que sujetaron sobre sus cabezas, afuera en busca de sus botes. Sin embargo, escapar por el agua era imposible debido a las olas salvajes, por lo que el grupo permaneció en la orilla y Plinio se desplomó en el suelo.[290]

Plinio el Joven escribió: "Cuando regresó la luz del día, el día 26, dos días después del último día que lo habían visto, su cuerpo fue encontrado intacto e ileso, aún completamente vestido y con un aspecto más parecido al sueño que a la muerte"

Los amigos de Plinio parecen haber escapado y, finalmente, le contaron a Plinio el Joven, de lo contrario, los detalles del viaje habrían sido víctimas de la historia junto con Plinio el Viejo. Desafortunadamente para el joven escritor e historiador natural, nunca más volvería a ver a su tío, homónimo y mentor. Aunque a menudo se supone que el aspirante rescatador murió al inhalar humos tóxicos del volcán, parece más probable que primero sufriera un ataque de asma y luego sucumbiera a la asfixia de las cenizas o un ataque al corazón. El sobrino documentó el hecho de que su tío estaba en posesión de una tráquea débil y, por lo tanto, algunas dolencias físicas relacionadas con el aire cada vez más denso y el

---

[289] Ibid.

[290] Ibid.

miedo del momento probablemente fueron los responsables de la muerte del anciano Plinio.

Incluso entonces, la catástrofe no había terminado. La nube de roca y ceniza se derramó desde el Vesubio durante dos días, y en la madrugada del segundo día, los flujos piroclásticos se precipitaron por los lados de la montaña y atravesaron las paredes de Pompeya y el cercano Herculano.[291] Cualquier persona que había quedado atrapada en las ciudades, luchando contra las rocas que caían en su camino o escondiéndose bajo techos sólidos, fue asesinada rápidamente por la ola de gas caliente y roca. En total, se estima que 1.500 personas murieron en Pompeya y sus alrededores durante esos dos días de horror, y aunque la mayoría de los ciudadanos lograron huir a tiempo para salvarse, no había nada a lo cual regresar.[292] Las paredes, los templos, las casas de baños, las áreas públicas y las casas fueron enterradas bajo hasta 7 metros (23 pies) de ceniza y roca volcánica.[293] Algunos de los refugiados regresaron a casa una vez que las cenizas dejaron de caer, pero no encontraron nada que salvar y nadie visible, y mucho menos vivo. Poco a poco, los ciudadanos abandonaron su hogar y se retiraron más hacia el interior, lejos de la causa de su devastación.

El Monte Vesubio no mostró ningún remordimiento, extendiendo su oscuridad asfixiante sobre ciudades y comunidades por kilómetros a la redonda durante días después de que se callara. En Miseno, Plinio el Joven se sintió afligido por la pérdida de su tío y conmocionado por la magnitud de la tragedia. En una carta a su amigo e historiador, Cornelio Tácito, describió el caos de la evacuación que tuvo lugar en la ciudad a relativa distancia:

---

[291] Wilkinson, Paul. *Pompeya: una guía arqueológica.* 2017.

[292] Moormann, Eric. *Las cenizas de Pompeya.* 2015.

[293] Sutton, Mark Q. *Arqueología: la ciencia del pasado humano.* 2015.

Aunque mi alma impactada retroceda, mi lengua lo dirá. Aunque ya era de mañana, la luz todavía era extremadamente débil y dudosa; los edificios que nos rodeaban se tambaleaban, y aunque estábamos en un terreno abierto, sin embargo, como el lugar era estrecho y limitado, no quedaba nada sin un peligro inminente: por lo tanto, decidimos abandonar la ciudad. Una multitud asolada por el pánico nos siguió, y (en cuanto a una mente distraída por el terror, cada sugerencia parece más prudente que la suya propia) nos presionó en un despliegue denso para que nos impulsáramos hacia adelante cuando salimos. Estando a una distancia conveniente de las casas, nos quedamos quietos, en medio de una de las escenas más peligrosas y terribles.

Las cuadrigas, que habíamos ordenado sacar, estaban tan agitados hacia atrás y hacia adelante, aunque sobre el terreno más llano, que no podíamos mantenerlos firmes, ni siquiera apoyándolos con piedras grandes. El mar parecía rodar sobre sí mismo y ser expulsado de sus orillas por el movimiento convulsivo de la tierra; es seguro que al menos la costa se agrandó considerablemente, y varios animales marinos se dejaron ver sobre ella. Al otro lado, una nube negra y espantosa, interrumpida con rápidos destellos en zigzag, reveló detrás de ella masas de llamas con formas variadas: estas últimas eran como relámpagos, pero mucho más grandes.

Los restos enterrados de la brillante ciudad costera de Italia permanecieron ocultos durante casi 1.700 años, mucho después de que los romanos se hubieran agrupado una vez más bajo la sombra de la gran montaña.[294]

---

[294] Kleiner, Fred S. *El arte de Gardner a través de las edades.* 2009.

Capítulo 22 – Antonina y La Peste Cipriana

Ni siquiera el Vesubio pudo detener la máquina de guerra romana. En los años posteriores a la gran tragedia de Pompeya, los soldados del imperio continuaron su marcha constante hacia Europa y Asia por decenas de miles. Aunque se perdió una cantidad significativa de comercio debido a la desaparición de las grandes industrias de Pompeya de hilado de lana, teñido de ropa, prensado de aceite y producción de pasta de pescado, la economía no decayó por mucho tiempo.[295] El dinero nunca faltó cuando se trataba de los militares; el ejército seguiría adelante sin importar lo que el emperador tuviera que hacer para cumplirlo.

Los ejércitos de Roma estaban poblados por una mezcla de romanos naturales y personas que se habían naturalizado en ciudadanos romanos desde los numerosos reinos y provincias bajo el control del imperio.[296] Todos ellos sirvieron en largas misiones fuera de casa durante muchos años, desde dos décadas hasta cuatro décadas. Al final de una larga campaña, los soldados que no eran necesarios para la administración o la defensa regresaron a Roma para descansar y

---

[295] Recursos HSC. "Historia antigua de HSC Parte 1: Estudio principal - Ciudades del Vesubio - Pompeya y Herculano". *Dux College*. Web.
[296] Breeze, David J. *El ejército romano*. 2016.

esperar su próxima asignación. Los que terminaban sus contratos llegaban a casa para siempre.

En 165 d.C., una gran afluencia de soldados que regresaban a Italia de sus campañas en Asia occidental trajeron algo más que su porción del botín de guerra: también trajeron un virus desagradable.[297] La enfermedad fue observada científicamente por primera vez por el médico griego Galeno durante su estancia en Aquilea, ubicada en el norte de Italia, en el invierno del 168 d.C.[298] Los co-emperadores Marco Aurelio y Lucio Vero le habían pedido que viniera a Roma, ya que estaban desesperados por su ayuda e información sobre el tema de la enfermedad que había estado desenfrenada durante tres años. Galeno describió el brote de esa misma enfermedad en Aquilea como caracterizado por fiebre, dolor de garganta y diarrea.[299] También señaló que, en el noveno día de la enfermedad, en las pieles de los enfermos brotaban llagas pustulosas y secas.

La enfermedad se extendió, siguiendo la ruta de los soldados del imperio a casa y luego se irradiaba desde Italia hacia las ciudades y provincias del norte. Se dice que destruyó comunidades enteras y paralizó tan gravemente al ejército romano que se suspendió la expansión del imperio; el mismo Marco Aurelio se unió a sus tropas en el frente alemán para supervisar el contraataque de las tribus germánicas a lo largo de los límites fronterizos de Roma.[300] Afortunadamente para el decreciente ejército del emperador, los propios alemanes también fueron atacados por el virus mortal.

Las ruedas del gran motor que era el Imperio romano siguieron girando, con o sin plaga, y sus diplomáticos se extendieron desde

---

[297] Cunningham, Kevin. *La plaga bubónica.* 2011.

[298] Kohn, Samuel Kline. *Epidemias: Odio y Compasión.* 2018.

[299] Ibid.

[300] Sabbatani, S. y S. Fiorino. "La plaga de Antonina y el declive del Imperio Romano". *Biblioteca Nacional de Medicina de EE. UU., Institutos Nacionales de Salud.* 17 de diciembre de 2009.

Britania a China. Una reunión política entre un representante de Aurelio y la corte Han del Emperador Huandi en 166 d.C., coincide con el primer año de plaga que sufrieron ambos imperios.[301] El objetivo de la visita era facilitar los acuerdos comerciales entre los reinos, lo que habría sido un enorme beneficio para la élite de Roma. En lugar de iniciar una nueva era del comercio intercontinental basado en seda, té y porcelana del Lejano Oriente y oro, plata, lana y acero del oeste, la enfermedad y la muerte se arrastraron, frenando enormemente el avance de ambas civilizaciones y posponiendo seriamente cualquier comercio realzado entre los dos.

Para Roma, la enfermedad extendida y generalizada significaba pérdida de dinero y bienes que venían del Océano Índico. Al igual que el emperador en el frente de batalla, frenando las tribus invasoras, el propio imperio se arraigó y apenas se mantuvo firme durante al menos varias décadas. El reino comenzó a recuperarse en el primer cuarto del siglo III d.C., cuando el emperador romano Septimio Severo invadió las tierras al norte del Muro de Adriano.[302] La invasión de lo que Severo llamó Caledonia comenzó bien, pero se agrió cuando Severo murió menos de tres años después, y finalmente, el territorio fue cedido una vez más a los nativos.[303]

El espíritu del imperio estaba en peligro en ese momento, y en 238 d.C., Roma sufrió una crisis sin precedentes de fe política. Se llamaría el Año de los Seis Emperadores, gracias a una división entre los co-emperadores aprobados por el Senado, Gordiano I y Gordiano II, y el Emperador Maximino el Tracio, elegido por los militares.[304] Se enfrentaron en la Batalla de Cartago ese mismo año, y las fuerzas de Maximino mataron a Gordiano II. Gordiano I se suicidó, dejando

---

[301] Pulleyblank, Edwin G. "El Imperio Romano conocido por Han China", Sociedad oriental americana. Vol. 119, No. 1. 1999.

[302] Merrony, Mark. *La difícil situación de Roma en el siglo V d.C.* 2017.

[303] Birley, Anthony R. *Septimio Severo: el emperador africano.* 1999.

[304] Newton, Michael. *Famosos asesinatos en la historia del mundo.* 2014.

el imperio en manos de Maximus. Para no ser desestimado, el Senado eligió a otros dos co-emperadores: Pupieno y Balbino.[305]

La decisión del Senado no fue popular; aunque los ciudadanos de Roma no aceptaban a Maximino como su gobernante, tampoco aceptaban los reemplazos rápidamente elegidos de los Gordianos. Para apaciguar a la gente, el Senado ofreció a Gordiano III, de 13 años de edad, heredero de su difunto homónimo, el título de César.[306] Los otros tres supuestos emperadores fueron asesinados por facciones del ejército en competencia, lo que dejó solo al joven Gordiano en el poder durante los próximos seis años. Él también murió en el campo de batalla, y las rápidas sucesiones continuaron mientras una segunda plaga golpeaba la capital y el imperio.

Esta segunda enfermedad llegó alrededor del año 249 d.C., y no disminuyó durante más de veinte años.[307] Con esta recaída, a Roma se le dificultó enderezarse esta vez. Carecía de un liderazgo claro, se enfrentaba a números que se desplomaban en el ejército y en el hogar para ocuparse de las granjas, y había una guerra intensa en las fronteras norte y este del reino. Roma luchó constantemente contra los godos en Alemania y el Imperio sasánida de Persia, perdiendo terreno en ambos frentes. Una vez más, la enfermedad sacudió al ya inestable Imperio romano, hasta sus cimientos.

Los historiadores médicos creen que la enfermedad que cubrió la mayor parte del hemisferio norte durante ambos períodos de plaga fue la viruela, aunque el sarampión y otros tipos de virus también se han postulado.[308] La enorme pérdida de vidas sufrida en Roma y en todo el Imperio romano durante las plagas de Antonino y Cipriano afectó gravemente a las civilizaciones de toda Europa, Asia y el

---

[305] Ibid.

[306] Ibid.

[307] Harper, Kyle. *El destino de roma.* 2017.

[308] Bollyky, Thomas J. *Las plagas y la paradoja del progreso.* 2018.

norte de África. Los romanos casi no se recuperaron en medio de tanta enfermedad, muerte e inestabilidad política, pero en 285 E.C., el imperio finalmente tuvo un gobernante más duradero con el emperador Máximo.[309] Una vez más, el Imperio romano había logrado el equilibrio suficiente para avanzar hacia el futuro.

---

[309] Wasson, Donald L. "Diocleciano". de *Historia Antigua. Enciclopedia*. Web 2 Feb 2014.

Capitula 23 – Britania y Londinium

Es posible que la ciudad de Londres fuera nombrada inicialmente por los cuervos o una deidad cuervo. Pero la palabra se parece mucho a "Lugdunum", el nombre romano tanto de la ciudad de Lyon en Francia como de Leiden en los Países Bajos. Ese nombre romano, a su vez, se derivó del celta "Lugdon", que significaba, literalmente, "colina o ciudad, del dios Lugh" o, alternativamente, "... de cuervos". Si "Lugdunum" era o no el origen de "Londres", los cuervos eran importantes para los habitantes de Gran Bretaña por razones prácticas y religiosas.

(Boria Sax, Ciudad de los Cuervos)

En el extremo noroeste del gran Imperio romano se encuentran dos islas apartadas cerca de Europa continental, hogar de diversas tribus de pueblos pertenecientes a la Edad de Hierro, incluidos los celtas. Las islas eran consideradas bárbaras, frías y desagradables tanto para la nobleza romana como para los soldados.[310] Sin embargo, el emperador Claudio no deseaba dejar tierras — por muy

---

[310] Chappell, Gavin. *Amanecer celta.* 2003.

rudimentarias que fueran — sin ser tocadas por la mano de su vasto imperio. En el año 43 d.C., Claudio marchó con sus legiones para cruzar el mar y atravesar la tierra salvaje de las antiguas islas británicas.[311] Quiso conquistar la primera y la más grande de estas; la segunda, la moderna Irlanda, se dejó mayormente en paz.

Los ejércitos romanos eran expertos en la dominación mundial, ya que habían anexado hasta 70 millones de ciudadanos de Europa, África del Norte y Asia occidental.[312] Sabían cómo marchar hacia nuevas tierras, luchar en unidades organizadas y obligar a los guerreros y reyes locales a doblegarse. Una vez que se había logrado eso, utilizaban su fuerza bruta para construir campamentos, infraestructura y, eventualmente, nuevas ciudades al estilo romano.

Los emperadores creían que cada centro urbano gobernado por la Roma civilizada debería tener un foro central que sirviera como lugar de reunión pública, distrito comercial y mercado; esto estaba rodeado de bloques rectangulares de casas, tiendas y otros edificios públicos.[313] Dos calles principales diagonales cruzaban perpendicularmente sobre el foro, y una muralla protectora rodeaba la ciudad. Era un esquema de construcción que los constructores, trabajadores y arquitectos del imperio, la mayoría de los cuales ya estaban empleados dentro del vasto ejército, utilizaban una y otra vez.

En la orilla norte del río Támesis, que los romanos llamaron Britania, se empleó este mismo método.[314] Comenzó con un puente sobre el río y un campamento militar, pero se convertiría en mucho,

---

[311] Gagarin, Michael. *La enciclopedia de Oxford de la antigua Grecia y Roma*. 2009.

[312] Campbell, Kenneth L. *Civilización del oeste*. 2014.

[313] Morris, Anthony E. *Historia de la forma urbana: Prehistoria al Renacimiento*. 1972.

[314] Fraser, Rebecca. *La historia de Gran Bretaña: de los romanos al presente*. 2006.

mucho más. El proceso de construcción de la ciudad en las tierras salvajes de Britania no fue fácil; tuvieron dificultades al intentar formar aliados entre las diversas tribus locales y sufrieron una multitud de levantamientos, como el de la reina Boudica de los icenos en aproximadamente el 60 d.C.[315] Abrumados por la revuelta, los romanos abandonaron la ciudad hasta que se pudo detener el levantamiento. En el momento en que las fuerzas romanas superadas en número detuvieron los ataques, la nueva ciudad había sido destruida. Los documentos romanos sugieren que hasta 70.000 personas murieron durante la revuelta, y varias ciudades se redujeron a ceniza a manos de la reina rebelde.[316]

Sin embargo, no era nada que el Imperio romano y sus generales no hubieran visto antes. La ciudad fue reconstruida poco después y en otro corto medio siglo se había convertido en la bulliciosa ciudad de Londinium, hogar de hasta 60.000 romanos y britanos.[317] Era el orgullo de la Britania romana. Se construyeron multitud de caminos pavimentados entre Londinium y docenas de otras ciudades y pueblos romanizados a lo largo del sur de la isla, alcanzando una distancia total estimada de 3.200 kilómetros (2.000 millas).[318] Como un virus muy exitoso, Roma extendió su alcance y formó masas de comunidades y fortalezas militares.

Londinium prosperó por varias razones, la primera de las cuales fue su ubicación a lo largo de la vía fluvial más importante del sur de Britania. A lo largo del Támesis, uno podría fácilmente transportar soldados, alimentos, equipos de construcción y otros suministros desde el centro de la ciudad a las poblaciones periféricas. La segunda

---

[315] Mark, Joshua J. "Boudica". *Enciclopedia de Historia Antigua.*Web. 8 de noviembre de 2013.

[316] Frenee-Hutchins, Samantha. *La odisea de Boudica en la antigua Inglaterra moderna.* 2016.

[317] Rollason, Jane. *Londres nivel 2 elemental.* 2014.

[318] Sell, Peter J. *Las mujeres el poder detrás de la corona de Inglaterra.* 2017.

razón de su éxito fue el clima relativamente templado, que los soldados toleraban mucho mejor que los fríos extremos del norte de la isla. En efecto, la ciudad era adecuadamente cómoda y bien provista de recursos de truchas, ciervos, conejos, hierbas, vegetales de raíz, verduras de hoja verde, manzanas y otros productos alimenticios. Si la civilización conquistadora pudiese mantener las culturas locales reprimidas, Roma podría potencialmente proteger su domino británico por siglos desde la ciudad fortificada de Londinium.

El emperador Adriano se encargó de viajar miles de kilómetros desde su sede del poder en Italia hasta Britania en 122 d.C.[319] Al llegar a la parte más lejana de su imperio, Adriano ordenó a sus guarniciones que construyeran un muro en la frontera norte de Britania para proteger el reino romano de las tribus del norte. El proyecto comenzó inmediatamente y llegó a 117 kilómetros (73 millas) de este a oeste.[320] Tabletas de madera personales y administrativas, utilizadas para la comunicación a larga distancia antes de que se generalizara el uso del papel, están esparcidas alrededor del antiguo Fuerte Vindolanda y otros sitios a lo largo de la pared.[321] Estas tabletas han servido para catalogar algunos de los detalles más íntimos del puesto remoto de Roma en Britania. Las listas de inventarios y las solicitudes de suministros incluyen alimentos y una gran cantidad de piezas de madera, desde ejes de carros hasta tablones para una cama.[322] Queda claro que anhelaban la comida, la bebida y los lujos de su hogar, pero gracias a una red bien mantenida de carreteras y rutas internas de un extremo al otro del

---

[319] Kreitzer, Larry Joseph. *Nuevas imágenes sorprendentes*. 1996.

[320] Fagan, Dr. Brian y Chris Scarre. *Civilizaciones antiguas*. 2015.

[321] Daley, Jason. "El escondite de los mensajes romanos fue encontrado cerca del muro de Adriano". Smithsonian. Web. 11 de julio de 2017.

[322] Vindolanda Tablets Online.

imperio, era posible traer castañas dulces desde España hasta la muralla de Adriano.[323]

Una década después de la visita del emperador Adriano a Britania, un incendio destruyó una gran parte de Londinium.[324] Conocido como el Fuego Adriano, fue casi tan destructivo como las fuerzas de la reina Boudica en el siglo anterior. Persistente, el imperio reconstruyó el orgullo de su provincia del norte, enviando alimentos, materiales de construcción, recursos humanos y monedas de oro y plata acuñadas en la misma Roma. El imperio de Adriano estaba en su punto máximo, y prácticamente no había nada que no pudiera lograr a manos de su ejército, que era responsable del mantenimiento de la infraestructura, así como del poder militar y la defensa. Durante su reinado, colmó a Britania con los fondos necesarios para construir, reconstruir y marcar permanentemente a esta isla distante con la cultura romana. De hecho, el culto a los romanos se aferró ferozmente a Gran Bretaña mucho después de que el propio imperio se hubiera desvanecido.

---

[323] Ibid.

[324] Milford, Anna. *Londres en llamas.* 1998.

Capítulo 24 – Restos de la Antigüedad Clásica

Como las generaciones de hojas, las vidas de los hombres mortales. Ahora el viento dispersa las hojas viejas sobre la tierra, ahora la madera viva estalla con los nuevos brotes y la primavera vuelve a rondar. Y así con los hombres: a medida que una generación cobra vida, otra muere.

(Homero, la *Ilíada*)

En 1748, la ciudad de Pompeya fue redescubierta, congelada en el tiempo, por un equipo de excavación encargado por el rey de Nápoles, Carlos de Borbón.[325] Irónicamente, la necrópolis de la ciudad perdida fue una de las primeras piezas de Pompeya en ser descubierta. Fue un vínculo impactante con los antiguos ancestros de los italianos modernos.

La decadencia del antiguo imperio fue gradual, marcada por la adopción del cristianismo como su religión oficial en el siglo IV.[326] En ese momento, el trabajo de los científicos y filósofos

---

[325] Foss, Pedar, y John J. Dobbins (editores.) *El mundo de Pompeya.* 2009.

[326] Novak, Ralph Martin. *El cristianismo y el imperio romano.* 2001.

grecorromanos se había encargado de erradicar los panteones antiguos de la mentalidad contemporánea; la invasión del cristianismo en los primeros siglos del nuevo milenio demostró ser un reemplazo adecuado de la espiritualidad perdida de Roma. Apolo, Gaia, Júpiter y sus hermanos fueron reemplazados por Jesucristo y el monoteísmo cristiano-judaico.

El período de la Antigüedad tardía se caracterizó por el movimiento del cristianismo a través de Europa. La influencia de Roma se desvaneció gradualmente en los siglos III y IV, y en los confines más septentrionales del imperio, los continuos ataques de los pictos resultaron insostenibles para los asentamientos romanos. Soldados, estadistas, gobernadores y colonos huían de Britania durante el próximo siglo a medida que los anglosajones de Europa occidental inmigraban a la isla. Lo mismo ocurrió en Bretaña y en la mayor parte de Europa occidental gracias a la presión constante de los ejércitos germánicos, lo que resultó en un período de educación mínima, caos político y violencia regional conocida como el Oscurantismo.

La región oriental del Imperio romano finalmente se separó del oeste, formando el Imperio bizantino. La sección occidental consolidó partes de sí misma en el Sacro Imperio romano en el siglo VIII y, en realidad, mantuvo gran parte de su influencia anterior, si no de territorio.[327] En consonancia con su estilo histórico, el Sacro Imperio romano se convirtió en el centro del conocimiento religioso y el culto de toda la cristiandad. Construyeron una ciudad entera dentro de Roma para el líder de la Iglesia Católica, que se convirtió en la fuerza impulsora detrás de la política y las guerras de la Edad Media. El Sacro Imperio romano duró hasta 1806 cuando fue anexado por Napoleón de Francia.[328] La casa del Papa católico, la ciudad-estado independiente llamada Ciudad del Vaticano, permanece en Roma hasta el día de hoy.

---

[327] Heer, Friedrich. *El Sacro Imperio Romano*. 2002.

[328] Enciclopedia Británica. "Santo Imperio Romano." Web.

Las piezas de los imperios griegos y romanos todavía se pueden encontrar ahora, dispersas de Londres a Babilonia. El Panteón de Roma del siglo II sigue en pie, después de haber sido mantenido y puesto en uso regularmente desde que se construyó por primera vez. Hoy en día, sirve como una iglesia católica. El Anfiteatro de Pompeya es el más antiguo de su tipo que aún se encuentra en Italia hoy en día, aunque tuvo que ser sacado de los escombros del Vesubio antes de que pudiera ser agregado al registro arqueológico.[329] Fueron necesarias muchas décadas de búsqueda y excavación esporádica para desenterrar una parte significativa de la comunidad de Pompeya enterrada por las cenizas, pero gran parte de ese trabajo fue realizado por el arqueólogo italiano Giuseppe Fiorelli y su equipo.

Fiorelli se dio cuenta de que la gente de Pompeya podía conservarse junto a su hermosa ciudad gracias a una simple mezcla de yeso.[330] Los cuerpos de los muertos por la caída de escombros y los flujos piroclásticos del Monte Vesubio en 79 E.C. se habían descompuesto dentro de su túmulo funerario, dejando un vacío en forma de persona en las capas de roca. Al verter el yeso con cuidado en esos vacíos, los arqueólogos pudieron recrear a las personas que habían sido enterradas, con esqueletos y dientes. Al eliminar las capas de roca y cenizas endurecidas alrededor del yeso, humanos enteros emergieron fuera del tiempo.[331] Se pueden visitar en el yacimiento de la ciudad antigua, que ahora es Patrimonio de la Humanidad. En 1891, una nueva Pompeya surgió en las afueras de la antigüedad gracias a una serie de milagros reportados en el Santuario de la Virgen del Rosario de Pompeya.[332]

---

[329] Berry, Dr. Joanne. "Galería de arte y arquitectura pompeya". *BBC*. Web. 2011.

[330] Arqueología. "Los moldes de Pompeya". Web.

[331] Ibid.

[332] Longo, Bartolo. *Historia del santuario de Pompeya*. 1895.

Incluso donde los restos físicos son pocos, la cultura griega y romana todavía abunda en las formas de procesos electorales, administración de la ciudad, cantería, construcción de hormigón, bibliotecas, escuelas, casas de gobierno, literatura e incluso teatro. Las tragedias griegas y la poesía de Homero permanecen dentro de los fundamentos de la literatura educativa, y el método socrático es la premisa sobre la cual se basan todas las actividades filosóficas occidentales. Las matemáticas, la astronomía y las ciencias políticas del mundo occidental estarían vacías si se eliminara todo lo que alguna vez fue griego o romano.

En esencia, la filosofía intelectual es la piedra angular de la gran civilización grecorromana. Sin ella, no habría nada importante que escribir sobre esta cultura, excepto que, como los anteriores y posteriores, conquistó, creció y finalmente se encogió. Afortunadamente, la filosofía se estableció firmemente en Atenas y Roma y proporcionó a los grandes pensadores del período clásico los medios para examinarse a sí mismos y al mundo que los rodea. Dejaron estos obsequios de perspectiva, autoanálisis y maravilla natural a quienes pisamos la tierra en su lugar.

Lea más libros de Captivating History

www.ingramcontent.com/pod-product-compliance
Lightning Source LLC
LaVergne TN
LVHW040104080526
838202LV00045B/3763